혼자서도 폼나게, **쉽고 간편하게**

오늘
하루
행복한 혼밥

Prologue

혼자 먹을수록 폼나게!
눈으로, 입으로 한 끼의 행복을 즐기세요

오늘도 저녁을 외식으로 해결했나요? 아니면 배달 앱을 뒤지고 있나요? 설마 반찬통을 통째로 꺼내놓고 먹고 있는 건 아니겠죠? 혼자 사는 사람들을 보면 식사를 외식, 배달 음식 등으로 해결하거나 되는 대로 대충 때우는 경우를 많이 봅니다. 혼자 먹자고 요리하는 게 번거롭다고 생각하는 거겠죠.

하지만 음식은 단순히 배를 채우기 위해 먹는 것만은 아니잖아요. 맛있고 보기 좋은 음식을 대하면 어느새 기분이 좋아지지 않나요? 음식은 그런 거예요. 눈으로, 입으로 즐기면서 행복해지는 거랍니다.

집밥인 듯, 레스토랑 요리인 듯 맛있고 폼나는 혼밥을 소개합니다. 한 그릇 밥과 국수부터 별식, 샐러드, 도시락까지 메뉴도 꼼꼼하게 챙겨 담았어요. 레시피가 쉬워 요리가 서툰 사람도 걱정할 필요 없답니다.

푸드스타일리스트의 요리인 만큼 신선한 아이디어를 더했어요. 익숙하면서도 개성이 느껴지는 맛이지요. 모양과 스타일링도 신경 썼어요. 폼나게 즐기고 예쁘게 사진 찍어 SNS에 자랑도 해보세요.

혼자라고, 귀찮다고 아무렇게나 먹지 마세요. 소중한 당신입니다. 간단하면서 멋진 혼밥으로 행복한 식사를 즐기세요.

하영아

Contents

Prologue 4

요리가 쉬워지는 계량법과 어림치 8
맛있고 쓰임새 많은 재료 10
편리하고 모양 살리는 조리도구 16

만들어두면 요긴한 소스 18
스타일링 노하우 1 담기의 기술 20
스타일링 노하우 2 연출의 기술 22

part 1
한 그릇 밥

연어 아보카도 덮밥 26
볶음고추장 비빔밥 28
카레라이스 30
매운 볶음밥 치즈 오븐구이 32
새우튀김 동글 밥 34
아스파라거스구이 덮밥 36
홍합밥 38
가자미오븐구이 덮밥 40
마파가지두부 덮밥 42
연어 덮밥 44
구운 치킨을 곁들인 볶음밥 46
미트소스 덮밥 48

part 2
한 그릇 국수

두부김치 잔치국수 52
오일 파스타 54
새우 볶음우동 56
골뱅이 비빔국수 58
냉메밀국수 60
마와 달걀노른자를 얹은 우동 62
비빔당면 64
닭 칼국수 66
팥 칼국수 68

part 3
도시락

아보카도 김밥 72
크루아상 샌드위치 74
동글동글 주먹밥 76
소시지 감자 샌드위치 78
참치 토마토 샌드위치 80
밥 샌드 애호박전 82
딸기 오픈샌드위치 84
불고기 루콜라 샌드위치 86
3가지 맛 삼각김밥 88
시금치 치즈 롤 샌드위치 90

part 4
간편 요리

바삭 군만두 94
탕수김말이 96
브로콜리 비빔라면 98
깻잎과 달걀노른자를 얹은
짜장라면 100
유자 햄버그스테이크 102
족발 쌀국수 104
돈가스덮밥 106
탄두리치킨 108
호떡과 한라봉 샐러드 110
사과튀김과 아이스크림을 곁들인
팬케이크 112

part 5
샐러드 & 아침

딸기 샐러드 116
사과 샐러드 118
나토 두부 샐러드 120
오렌지 불고기 샐러드 122
파스타 샐러드 124
고구마 수프 126
양파 수프 128
버섯채소죽 130
굴죽 132
녹두죽 134
전복죽 136
딸기 생크림 샌드위치 138
메이플시럽 떡구이 140
크로크마담 142

part 6
별식 & 안주

닭꼬치 146
사과무침을 곁들인
돼지고추장불고기 148
스키야키 150
쇠고기 땅콩 샐러드 152
닭튀김과 연근튀김 154
고구마크로켓 하이라이스 156
오징어불고기 158
아보카도 메밀전병 말이 160
떡 유부주머니 전골 162
우엉감자튀김 164
오징어순대 166
오코나미야키 168

요리가 쉬워지는 계량법과 어림치

계량도구와 계량법

• 계량스푼
1큰술, 1/2큰술, 1작은술, 1/4작은술이 따로 있는 분리형과 양 끝에 1큰술과 1작은술이 있는 일체형이 있다. 일체형을 갖춰두면 쓰기 편하다.

1큰술 = 15mL   1작은술 = 5mL

• 계량컵
눈금이 잘 보이는 것을 고른다. 1컵의 기준은 나라마다 다르다. 우리나라와 일본은 200mL, 미국이나 영국은 240mL이므로 계량 전에 확인한다.

1컵 = 200mL

가루 계량하는 방법

1큰술 | 계량스푼에 수북이 담아 윗면을 평평하게 깎아낸다. 1작은술도 같은 방법으로 계량한다.

1/2큰술 | 1큰술을 정확히 잰 뒤 반 갈라 덜어낸다. 1/2작은술도 같은 방법으로 계량한다.

액체 계량하는 방법

1큰술 | 계량스푼에 액체가 봉긋하게 올라올 정도로 담는다. 1작은술도 같은 방법으로 계량한다.

1/2큰술 | 계량스푼의 절반 높이보다 조금 높게 담는다.

가루 계량하는 방법

1컵 | 계량컵에 수북이 담아 윗면을 평평하게 깎아낸다.

* 설탕 1컵 = 165g, 밀가루 1컵 = 100g 등 같은 양이어도 재료마다 무게가 다르다. 무게로 표기되어 있으면 저울에 재는 것이 정확하다.

액체 계량하는 방법

1컵 | 내용물이 잘 보이는 투명한 컵에 재는 것이 편하다. 평평한 곳에 계량컵을 놓고 눈높이를 눈금과 맞춰 확인한다.

• 계량저울
1g 단위로 표시되는 전자저울을 쓰는 것이 좋다.

평평한 곳에 저울을 놓고 0g으로 맞춘 뒤 재료를 올린다. 그릇에 담아 잴 경우에는 그릇을 저울에 올리고 0g으로 맞춘 뒤 재료를 담는다.

• **밥숟가락으로 잴 때**

밥숟가락은 계량스푼 1큰술보다 작다. 1.5배 정도 담으면 비슷한데, 숟가락마다 크기가 조금씩 다르기 때문에 양 차이가 있을 수 있다.

계량하는 방법

 1큰술 = 1½숟가락

 1작은술 = 1/2숟가락

 2큰술 = 3숟가락

 2작은술 = 1숟가락

• **손으로 잴 때**

 1줌 | 엄지와 검지가 가볍게 닿을 정도로 잡은 양

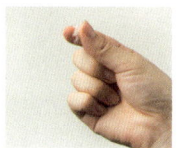 조금 | 엄지와 검지로 가볍게 집은 양

• **자주 쓰는 재료의 50g 어림치**

감자 1/2개 | 양파 1/4개 | 당근 2.5cm | 오이 10cm | 애호박 3cm | 연근 4cm

양배추 4×10×3cm | 시금치 3뿌리 | 양송이버섯 3개 | 두부 5×3×3cm | 고기 8×5×1.5cm | 새우살 5마리

맛있고 쓰임새 많은 재료

쓰임새 많은 채소

1 감자
조림, 전, 튀김, 카레, 크로켓, 샌드위치 등 다양한 요리에 쓴다. 껍질이 얇고 매끄러운 것이 맛있다. 사과를 함께 넣어 해가 들지 않는 서늘한 곳에 보관하면 싹이 나지 않는다. 껍질을 벗긴 감자는 식초를 몇 방울 떨어뜨린 물에 담가 냉장고에 둔다.

2 브로콜리
수프, 샐러드, 무침, 달걀말이 등에 넣으면 아작아작하고 맛있다. 송이가 단단하면서 가운데가 볼록하고 단면이 깨끗한 것을 고른다. 식초 탄 물에 5분 정도 담갔다가 두세 번 헹궈 쓰고, 영양이 줄기에 많으므로 줄기까지 먹는다. 데쳐서 물기를 빼고 조금씩 나눠 냉동하면 편하다.

3 애호박
찌개, 된장국, 새우젓볶음 등에 주로 쓴다. 곧고 매끄러우며 꼭지가 신선한 것을 고른다. 너무 크지 않는 것이 맛있다. 물기 없이 종이타월에 싸서 냉장고에 두고, 0.5cm 두께로 썰어 말려두었다가 물에 불려 써도 좋다.

4 오이
수분이 많고 비타민 C도 풍부해 생으로 먹는 것이 가장 좋다. 오징어초무침, 나박김치, 샐러드 등에 넣으면 아삭아삭 맛있다. 큰 것보다 중간 크기로 가시가 까칠하고 윤기가 나며 색이 선명한 것을 고른다. 물기가 있으면 물러지므로 씻지 말고 냉장고에 둔다.

5 시금치
무치거나 된장국을 끓이는 것 외에 살짝 볶아도 맛있다. 연한 잎은 샐러드에 넣어도 좋다. 윤기 있는 잎이 많이 달려있고, 뿌리 쪽의 붉은 부분이 넓은 것이 달다. 비닐봉지에 담아 냉장고에 두면 일주일 정도 가고, 오래 두려면 데쳐서 물기가 있는 상태로 조금씩 나눠 냉동한다.

6 표고버섯
국물요리에 넣으면 깊은 맛이 나며, 마른 표고버섯이 향이 더 강하다. 갓이 너무 피지 않고 색이 선명하며 주름지지 않은 것이 좋다. 수분이 빠지지 않게 밀봉하여 냉장 보관한다.

7 부추
향이 좋아 입맛을 돋운다. 양념장을 만들거나 달걀말이에 넣어도 좋다. 너무 길거나 잎이 넓은 것은 맛이 없다. 잎이 좁고 파란 것을 고르고, 세게 씻으면 풋내가 나니 살살 씻는다. 냉장고에 두거나, 씻어서 물기를 빼고 썰어 냉동해두었다가 국이나 찌개에 언 상태로 넣는다.

8 양파
익으면 단맛이 나 요리에 두루 쓴다. 중간 크기로 단단하고 무거운 것, 껍질이 얇고 진한 주황색인 것이 좋다. 쓰지 않은 것은 스타킹에 넣고 사이사이 매듭을 지어 바람이 잘 통하는 곳에 걸어두고, 씻은 것은 물기를 빼고 하나씩 비닐 랩으로 싸서 냉장고에 둔다.

9 양배추
생으로 먹어도, 익혀 먹어도 달다. 샐러드, 쌈, 볶음, 초절임 등 다양한 요리에 두루 어울린다. 묵직하고 푸른 잎으로 싸여있는 것을 고르고, 비닐봉지에 담아 냉장 보관한다.

10 대파
대부분의 요리에 들어가는 중요한 채소다. 흰 부분이 길고 탄력 있으며 잎이 두껍고 진한 녹색인 것이 맛있다. 제철인 겨울에는 뿌리째 신문지에 싸서 서늘한 곳에 두고, 여름에는 냉장고에 둔다.

11 생강
비린내, 누린내 등 잡냄새를 없애고 살균작용이 있다. 즙을 내거나 채 썰어 쓴다. 남은 생강은 갈아서 지퍼백에 담아 냉동 보관한다. 껍질을 벗겨 말려두었다가 곱게 다져서 써도 좋다.

12 깻잎
장아찌, 찜, 튀김, 전 등 다양하게 조리하고, 가늘게 채 썰어 고명으로 올리기도 한다. 중간 크기로 뒷면에 솜털이 있는 것을 고르고, 자줏빛이 도는 것은 씁쓸한 맛이 나니 피한다. 흐르는 물에 한 장씩 씻어 물기가 있는 상태로 지퍼 백에 담아 냉장 보관한다.

13 레몬
즙을 내 드레싱에 넣거나 얇게 썰어 물에 띄워 마시면 산뜻하다. 생선요리에 곁들이면 비린내를 잡고 모양도 산다. 껍질이 단단하고 색이 선명하며 끝이 뾰족하지 않은 것이 좋다. 껍질에 농약과 왁스가 묻어있으므로 소금이나 베이킹 소다로 꼼꼼하게 씻는다.

14 아스파라거스
파릇한 색깔이 식욕을 돋우고 아삭아삭해 굽거나 살짝 튀기면 맛있다. 고기와 잘 어울리고, 샐러드나 수프에 넣어도 좋다. 색이 진한 것, 줄기가 연하고 굵으면서 수염뿌리가 없는 것을 고른다. 긴 통에 흠뻑 젖은 종이타월을 넣고 세워 담아 냉장고에 둔다.

15 파프리카
연하고 달며 색깔이 다양해 음식의 포인트 역할을 한다. 겨울 파프리카는 생으로 먹어도 맛있지만, 여름에 수확한 파프리카는 껍질이 두껍기 때문에 불에 구워서 껍질을 벗기고 먹어야 맛있다. 꼭지가 싱싱하고 윤기가 나며 묵직한 것이 좋다. 씻어 물기를 빼고 냉장 보관한다.

16 어린잎채소
부드러워서 샐러드나 무침에 쓰면 좋다. 시들거나 무른 게 섞이지 않았는지 꼼꼼하게 확인하고, 유통기한이 넉넉한 것을 산다. 쉽게 짓무르므로 용기에 종이타월을 깔고 담은 뒤 다시 종이타월로 덮어 냉장고에 둔다.

17 양송이버섯
볶음, 구이, 수프, 장조림 등 다양한 요리에 쓰며, 오븐에 살짝 구워 소금을 뿌려 먹으면 제 맛을 느낄 수 있

다. 갓과 기둥 사이의 피막이 떨어지지 않고 단면이 깨끗한 것이 좋다. 일주일 안에 먹을 것은 냉장고에 두고, 오래 두려면 손질해서 냉동 보관한다.

18 돌나물
대표적인 봄채소로 샐러드, 물김치, 무침뿐 아니라 비빔국수, 비빔밥, 김밥 등에 넣어도 맛있다. 잎이 짧고 도톰하며 줄기가 통통한 게 좋다. 세게 씻으면 풋내가 나므로 흐르는 물에 살살 씻고, 밀폐용기에 젖은 종이타월을 깔고 담아 냉장 보관한다.

19 허브
바질은 토마토와 잘 어울려 토마토소스 요리에 많이 쓰고, 바질페스토를 만들어 빵에 곁들인다. 타임은 향이 강해 고기, 생선, 해물의 냄새를 없애고 음식의 풍미를 살린다. 파르메산 치즈와 잘 어울린다. 사과 향과 민트 향이 나는 애플민트는 샌드위치, 케이크, 모히토 등을 만들고 장식으로도 쓴다. 허브는 물에 적신 종이타월에 싸서 냉장고에 둔다. 물기를 빼고 다져서 지퍼백에 담아 냉동 보관하면 오래 두고 쓸 수 있다.

20 루콜라
쌉쌀한 맛과 향이 특징으로 샐러드, 피자, 스파게티, 샌드위치 등에 넣는다. 줄기가 억세지 않고 잎이 선명한 푸른색을 띠는 것이 좋다. 밀봉해서 냉장 보관한다.

21 아보카도
과일 중 유일하게 지방이 들어있다. 부드럽고 고소해서 샐러드, 샌드위치, 김밥, 비빔밥 등 여러 음식에 어울린다. 너무 익은 것을 사기보다 단단한 것을 사서 알루미늄 포일로 감싸 실온에서 익히는 것이 좋다.

22 연근
조림, 튀김을 하거나 강판에 갈아 전을 부치면 맛있다. 껍질이 얇고 흠집이 적은 것, 무겁고 가운데가 통통하며 구멍에 검은 점이 없는 것을 고른다. 칼로 자르면 점액이 실처럼 일어나는 것이 좋은 연근이다. 껍질째 신문지에 싸서 여름에는 냉장고에, 그 밖에는 실온에 둔다.

쓰임새 많은 해물

1 굴
밥, 죽, 전, 튀김 등을 하며 떡국 같은 국물요리에 넣으면 시원하다. 통통하고 윤기와 탄력이 있는 것, 검은 테가 선명한 것이 신선하다. 흐르는 물에 씻으면 맛과 영양이 빠져나가므로 소금물에 두세 번 헹구듯이 씻는다. 되도록 사서 바로 먹고, 남으면 조금씩 나눠 냉동한다.

2 새우
튀김, 구이, 전, 샐러드, 피자, 샌드위치 등 쓰임새가 많다. 윤기가 나고 눈과 꼬리가 떨어지지 않은 것을 고른다. 머리 쪽이 검으면 신선도가 떨어지는 것이다. 깨끗이 손질해 지퍼 백에 가지런히 담아 냉동한다.

3 오징어
튀김, 전, 볶음, 초무침 등 다양하게 조리한다. 갈색을 띠는 것이 신선하며, 겉면에 칼집을 내면 익으면서 오그라드는 것을 막을 수 있다. 내장을 빼서 잘라내고 깨끗이 씻어 한 번 먹을 만큼씩 나눠 냉동 보관한다.

4 훈제연어
풍미가 좋아 샐러드, 김밥, 덮밥 등에 많이 쓴다. 슬라이스된 것과 통살이 있으니 요리에 맞게 고르고, 유통기한이 넉넉한 것을 산다. 한 번 먹을 만큼씩 지퍼 백에 담아 냉동해두고, 해동하면 다시 얼리지 말고 빠른 시간 안에 먹는다.

5 가다랑어포
국물을 내거나 장식으로 많이 쓴다. 분홍색을 띠고 얇은 것일수록 좋다. 포장을 뜯으면 밀폐용기에 담아 냉동 보관한다.

기본 양념 & 갖춰두면 좋은 소스

설탕
단맛을 내고 짠맛과 신맛을 누그러뜨린다. 흑설탕은 맛이 강하며, 색깔을 낼 때 쓴다.

소금
짠맛을 내고 단맛도 높인다. 간을 맞출 때는 가는소금을 쓰고, 생선이나 채소를 절일 때는 굵은 소금을 쓴다.

간장
국간장은 국물의 간을 맞추거나 나물을 무칠 때 쓰고, 단맛이 나는 양조간장은 조림이나 볶음 등에 쓴다.

식초
음식 맛을 산뜻하게 하고 입맛을 돋워 여름 음식에 많이 쓴다. 양조식초가 합성식초보다 더 깊은 맛이 난다.

고춧가루
너무 고우면 가라앉으므로 중간 정도의 붉은색이 선명한 것을 고른다. 느끼함을 줄이는 효과도 있다.

맛술
청주보다 단맛이 많아 생선이나 고기의 육질을 부드럽게 한다. 맛술이 없으면 청주 1큰술에 설탕 1작은술을 섞어 쓴다.

폰즈
간장과 식초 맛이 난다. 고기의 느끼함을 잡아 샤브샤브 소스로 많이 쓰며, 샐러드드레싱으로도 좋다.

미소
우리 된장보다 쌀 함량이 높다. 무침에는 단맛이 많이 나는 흰색 미소를 쓰고, 국에는 붉은색 미소를 쓴다.

두반장
고추장보다 좀 더 맵고 짜며 기름지다. 마파두부, 짜장면 등을 만들 때 쓰고 볶음에 넣어도 맛있다.

굴소스
중국 요리에 들어가는 대표적인 소스다. 굴의 진한 풍미와 감칠맛이 재료의 맛을 끌어올려 볶음이나 조림, 찌개 등에 넣는다.

피시소스
우리나라의 액젓과 비슷한데 짠맛이 덜하다. 베트남 요리뿐 아니라 볶음, 무침 등에 두루 쓸 수 있다.

포도씨유
향과 기름 냄새가 없어 재료의 맛을 살릴 수 있다. 발연점이 일반 식용유보다 높아 영양소 파괴가 적고 유해물질도 덜 생긴다.

엑스트라 버진 올리브유
맛과 향이 좋아 샐러드드레싱에 넣거나 살짝 볶을 때 쓴다. 발연점이 낮아 튀김은 할 수 없다. 와인처럼 품종과 산지에 따라 맛이 다르므로 조금씩 사서 맛을 보고 입맛에 맞는 것을 찾는다.

편리하고 모양 살리는 조리도구

1 알루미늄 배트
재료를 준비하거나 조리한 도구를 식힐 때 좋다. 알루미늄 제품이 쓰기 좋으며, 크기별로 갖춰두면 편리하다.

2 가위
적은 양을 썰 때 도마를 꺼내지 않아도 돼 편하다. 파, 김치, 고기 등을 간편하게 자를 수 있다.

3 페퍼 밀
통후추를 바로 갈아내는 도구다. 요리하면서 그때그때 갈아 넣으면 후춧가루를 뿌리는 것보다 맛과 향이 한결 좋다.

4 강판
채소나 과일을 갈 때 쓴다. 레몬껍질 등을 갈 때도 유용하다.

5 필러
감자, 당근, 오이, 무, 우엉 등의 껍질을 깎을 때 쓴다. 칼로 썰기 힘든 슬라이스도 필러를 쓰면 쉽다.

6 샐러드 스피너
샐러드에서 가장 중요한 것은 채소의 물기를 빼는 일이다. 물기를 쉽게 바짝 뺄 수 있어 샐러드를 좋아한다면 아주 유용한 도구다.

7 아이스크림 스쿠프
아이스크림을 동그랗게 뜨는 도구로 크기가 다양하다. 쿠키 반죽을 팬에 일정한 모양으로 떠 담을 때, 주먹밥을 만들 때도 유용하다.

8 치즈 그레이터
파르메산 치즈나 그뤼에르 치즈처럼 단단한 치즈, 아몬드 같은 견과 등을 갈 때 쓴다. 음식에 바로 갈아 뿌리면 풍미가 좋고 모양도 산다. 칼날에 따라 곱게 또는 굵게 갈 수 있다.

9 짤주머니
베이킹에서 머랭, 생크림, 반죽 등을 담아 짜내는 주머니다. 음식을 그릇에 담을 때 소스나 드레싱을 모양내어 뿌리기 좋다. 일회용도 있다.

10 원형 틀
무스를 만들 때 쓰는 틀로 크기가 다양하다. 작은 것은 사과 등의 씨를 빼기 좋다. 과일 칩, 샐러드, 샌드위치 등을 만들 때, 볶음밥을 원기둥 모양으로 담을 때 유용하다.

11 실리콘 주걱
그릇에 묻은 반죽이나 소스, 양념 등을 깨끗하게 긁어낼 수 있다. 열에 강해 볶을 때도 쓸 수 있다.

12 핸드 블렌더
재료를 곱게 가는 도구로 그릇에서 바로 갈 수 있어 편하다. 수프를 만들 때 유용하고, 마늘이나 견과 등을 다질 때도 좋다.

만들어두면 요긴한 소스

쯔유 튀김 소스, 스키야키 소스, 해물요리, 조림, 우동이나 메밀국수의 국물 등에 넣는다.
재료 마른 표고버섯 3개, 양파 1/2개, 다시마 20g, 가다랑어포 40g, 간장 4컵, 설탕 300g, 청주 1/4컵, 통후추 8개, 물 5컵
1 냄비에 물을 붓고 마른 표고버섯, 양파, 다시마를 넣어 끓이다가 가다랑어포, 간장, 설탕, 청주, 통후추를 넣어 30분간 끓인다. 2 식으면 체에 거른다.

데리야키 소스 생선, 고기, 꼬치 등을 구울 때 쓴다. 특히 닭고기와 잘 어울린다.
재료 마른 표고버섯 2개, 대파 1/3대, 간장 1컵, 설탕 50g, 물엿 5큰술, 청주 3큰술, 맛술 3큰술, 레몬즙 1큰술, 가다랑어포 5g
1 냄비에 마른 표고버섯, 대파, 간장, 설탕, 물엿, 청주, 맛술을 넣어 중불에서 15분간 끓인다. 2 가다랑어포를 넣고 불을 끈 뒤 레몬즙을 넣어 섞는다. 3 식으면 체에 거른다.

유자 폰즈 고기나 생선구이를 찍어 먹거나 해물 볶음, 차가운 국수, 샐러드드레싱 등에 넣는다.
재료 유자 1개, 레몬 1/2개, 간장 2컵, 식초 1½컵, 설탕 3큰술, 가다랑어국물 2½컵
1 유자와 레몬을 깨끗이 씻어 껍질째 얇게 썬다. 2 간장, 설탕, 식초, 가다랑어국물을 섞고 유자와 레몬을 넣는다. 3 일주일 정도 숙성시켜 체에 거른다.

베사멜 소스 크림 스파게티, 클램차우더, 그라탱, 크로켓, 크로크무슈 등을 만들 때 쓴다.
재료 박력분 50g, 버터 50g, 우유 2컵, 너트메그 조금, 소금·흰 후춧가루 조금씩
1 약한 불에서 버터를 녹이고 밀가루를 넣어 타지 않게 저어가며 충분히 볶는다. 2 우유를 조금씩 넣어가며 볶다가, 매끄러워지면 너트메그를 넣고 소금, 흰 후춧가루로 간한다.

볶음고추장 주먹밥, 비빔밥, 볶음 등에 쓴다. 청양고추를 넣거나 다진 쇠고기를 볶아 넣어도 좋다.
재료 고추장 2큰술, 꿀 2큰술, 설탕 1/2큰술, 다진 마늘 1큰술, 참기름 조금, 소금·후춧가루 조금씩
1 모든 재료를 섞는다. 포도씨유를 조금 넣고 볶아도 좋고 그냥 먹어도 맛있다.

홈메이드 토마토케첩 시판 제품보다 담백하고 당도를 조절할 수 있다. 소스 등에 두루 쓴다.
재료 토마토 홀 1통(411g), 사과 1/2개, 설탕 160g, 레몬즙 2큰술, 소금 조금
1 토마토 홀과 사과를 믹서에 곱게 간다. 2 냄비에 간 토마토 홀과 사과, 설탕을 넣어 30분 정도 끓인다. 3 양이 절반으로 줄면 레몬즙을 넣어 한소끔 끓인 뒤 소금으로 간한다.

볶은 양파 수프, 토마토소스, 카레, 샐러드, 피자 등에 두루 쓴다.
재료 채 썬 양파 4개분, 포도씨유 1큰술, 소금 조금
1 달군 팬에 포도씨유를 두르고 채 썬 양파를 넣어, 중약불에서 갈색이 날 나도록 30분 정도 볶는다. 소금으로 간한다.

토마토소스 파스타, 리소토, 피자 등 다양한 요리에 쓴다.
재료 토마토 홀 1통(411g), 올리브유 2큰술, 다진 양파 1/2개분, 다진 마늘 1큰술, 바질 10g, 소금·후춧가루 조금씩
1 냄비에 올리브유 1큰술을 두르고 다진 마늘과 다진 양파를 갈색이 나도록 볶는다. 2 토마토 홀과 올리브유 1큰술을 넣고 중약불에서 20분간 토마토를 으깨어 저어가며 끓인다. 3 양이 2/3 정도로 줄면 소금과 후춧가루로 간한다.

스타일링 노하우 1 : 담기의 기술

1 여유 있게 담는다
그릇이 작으면 답답해 보인다. 큼직한 그릇에 여유 있게 담아내는 것도 요리를 돋보이게 하는 방법이다. 너무 크지 않나 싶은 그릇도 잘 활용하면 여백의 아름다움을 살릴 수 있다.

2 소스 위에 올린다
소스는 음식 위에 뿌리는 것이 일반적이지만, 그릇에 소스를 먼저 깔고 그 위에 음식을 올려도 보기 좋다. 마치 레스토랑 요리 같다.

3 소복하게 담는다
음식을 높이 쌓아 담으면 정갈해 보인다. 소복이 담고, 곁들이는 음식이나 고명을 위에 얌전히 올린다. 무스 틀을 이용해 원기둥 모양으로 담아도 깔끔하다.

styling knowhow

4 **5** **6**

4 다른 모양으로 썬다
재료를 다르게 썰면 음식도 달라 보인다. 오이를 얇게 썰어 얼음물에 담가두면 돌돌 말리는데, 샐러드에 넣으면 색다르다. 대파를 동글동글하게 썰어 스테이크 등에 올리면 어슷하게 썰었을 때와 달리 모던하고 앙증맞다. 깻잎을 돌돌 말아 가늘게 썰어 고명으로 올려도 좋다.

5 허브를 이용한다
바질, 민트 등의 허브는 향도 좋지만 음식을 한결 생기 있어 보이게 한다. 바질은 토마토소스 파스타나 샐러드 등에, 민트는 음료에 어울린다. 고기요리에는 로즈메리나 타임을 올리면 멋스럽다.

6 가니시를 곁들인다
음식에 곁들이는 가니시는 맛과 영양의 균형을 맞추기도 하지만 음식을 꾸미는 효과도 있다. 아스파라거스, 어린잎채소 등 맛있고 모양 좋은 재료를 이용하면 눈으로 입으로 즐길 수 있다.

스타일링 노하우 2 : 연출의 기술

1 요리의 마지막은 그릇이다
같은 음식이라도 어떤 그릇에 담느냐에 따라 전혀 다른 느낌이 난다. 흰색 그릇은 어떤 음식도 무난히 어울리지만 평범해 보일 수 있어 디자인에 신경 써야 한다. 단순한 모노톤 그릇은 세련된 느낌을 주어 스타일링 효과가 좋다. 투박한 한식기에 화려한 양식을 담아도 의외로 멋스럽다. 요리는 그릇 고르기로 완성된다.

2 화려한 음식은 단색 그릇에 담는다
화려한 음식을 무늬가 복잡한 그릇에 담으면 음식이 묻혀버린다. 단색 그릇에 담는다. 단순한 그릇이 싫다면 음각이 들어간 그릇을 쓰는 것도 좋은 방법이다. 나물 등의 반찬은 나무그릇에 담아도 좋다. 식탁이 한결 따뜻해진다.

3 그릇의 틀을 깬다
음식을 꼭 그릇에 담아야 하는 건 아니다. 수프를 큰 찻잔에 담아도 어울리고, 잔받침을 개인 샐러드 접시로 써도 좋다. 나무도마도 접시가 될 수 있다. 그릇 아닌 그릇이 센스를 빛내준다.

styling knowhow

4 색깔을 맞춘다
키친 클로스, 커트러리 등 주변의 물건을 음식에 들어간 색과 맞춘다. 딸기요리와 빨간색 줄무늬 냅킨, 샐러드와 초록색 젓가락 등 중심 색을 활용하면 정돈되어 보이고 음식이 먹음직스럽다.

5 포인트를 준다
영화에 주연과 조연이 있는 것처럼 음식도 마찬가지다. 주연인 음식이 돋보이도록 포인트만 준다. 단정하면서 세련된 느낌을 주고 사진도 잘 받는다.

6 장면을 만든다
사진을 찍을 때는 커트러리를 이용해 자연스럽게 연출해도 좋다. 음식을 한 숟가락 푹 뜨거나 칼로 자르는 장면은 맛있게 먹는 모습이 상상되어 더 군침 돌게 만든다.

연어 아보카도 덮밥

볶음고추장 비빔밥

카레라이스

매운 볶음밥 치즈 오븐구이

새우튀김 동글 밥

아스파라거스구이 덮밥

홍합밥

가자미오븐구이 덮밥

마파가지두부 덮밥

연어 덮밥

구운 치킨을 곁들인 볶음밥

미트소스 덮밥

Part 1

한 그릇 밥

One - Bowl Rice

연어 아보카도 덮밥

훈제연어와 아보카도의 부드러운 조화가 좋은 덮밥이에요.
고추냉이의 톡 쏘는 맛이 느끼함을 잡아줘요.

Ingredient 2인분

밥 2공기
훈제연어 10장(100g)
아보카도 1개
레몬즙 1/2작은술
김 1장
후리가케 조금

고추냉이간장
간장 1큰술
고추냉이 1/2작은술

How to make

1 간장과 고추냉이를 섞는다.

2 아보카도를 반 잘라 씨를 빼고 껍질을 벗긴다. 레몬즙을 바르고 0.5cm 두께로 썬다.

3 김을 돌돌 말아 가위로 가늘게 자른다.

4 그릇에 밥을 담고 아보카도와 훈제연어를 올린 뒤, 후리가케와 김을 뿌린다. 고추냉이간장을 곁들인다.

Tip
톡톡 터지는 날치알을 함께 올려 먹어도 맛있어요.

볶음고추장 비빔밥

다진 고기를 넣어 볶은 고추장에 채소 볶음밥을 비벼 먹는 음식이에요.
매콤 달콤한 고추장이 입맛을 돋워요.

Ingredient 2인분

밥 2공기
오이 1/2개
파프리카 1/2개
양파 1/2개
풋고추 1개
베이컨 4장
날치알 1큰술
포도씨유 1큰술

볶음고추장
다진 쇠고기 150g
고추장 2큰술
매실청 3큰술
다진 마늘 1큰술
참기름 조금
소금·후춧가루 조금씩

How to make

1 파프리카, 양파, 풋고추, 베이컨은 다지고, 오이는 4~5cm 길이로 토막 낸 뒤 돌려 깎아 채 썬다.

2 달군 팬에 포도씨유를 두르고 파프리카와 양파를 볶다가 베이컨을 넣어 볶는다.

3 팬에 포도씨유를 두르고 다진 쇠고기를 살짝 볶은 뒤, 나머지 재료를 넣고 볶아 볶음고추장을 만든다.

4 밥에 볶은 파프리카, 양파, 베이컨과 풋고추를 넣어 섞는다.

5 접시에 ③의 볶음고추장을 깔고 ④의 밥을 담은 뒤 오이와 날치알을 올린다.

Tip
볶음밥에 볶음고추장을 넣고 감싸 주먹밥을 만들어서 도시락을 싸도 좋아요.

카레라이스

감칠맛 나는 가다랑어국물로 카레를 만들었어요.
연근을 넣어 아삭아삭 씹는 맛이 좋아요.

Ingredient 2인분

밥 2공기
카레가루 120g
돼지고기(목살) 100g
연근 1/2개(150g)
당근 1/2개
양파 1/2개
식용유 1큰술

가다랑어국물
가다랑어포 5g
다시마 10×10cm 1장
물 3컵

How to make

1 냄비에 물을 붓고 다시마를 넣어 끓인다. 한소끔 끓으면 불을 끄고 다시마를 건져낸 뒤, 가다랑어포를 넣어 2분 정도 두었다가 체에 거른다.

2 돼지고기, 당근, 양파는 한입 크기로 썰고, 연근은 껍질을 벗겨 0.3cm 두께로 썬다.

3 냄비에 식용유를 두르고 연근, 당근, 양파를 볶다가 돼지고기를 넣어 볶는다.

4 ③에 카레가루와 가다랑어국물을 넣어 끓인다.

5 그릇에 밥을 담고 카레를 끼얹는다.

Tip

가다랑어포를 체에 거를 때 꾹꾹 누르지 마세요. 눌러 짜면 국물 맛이 텁텁해져요.

매운 볶음밥 치즈 오븐구이

매콤 달콤한 볶음밥에 치즈를 올려 노릇하게 구웠어요.
숟가락으로 떴을 때 쭉 달려오는 치즈는 보기만 해도 맛있어요.

Ingredient 2인분

밥 2공기
방울토마토 2개
느타리버섯 4개
양파 1/2개
마늘 2쪽
다진 홍피망 1큰술
모차렐라 치즈 1컵
그라나 파다노 치즈(또는 파르미자노 레자노) 10g
소금 조금
올리브유 1큰술

소스
데리야키 소스 2큰술
두반장 1큰술
고추기름 1큰술
고춧가루 1/2큰술
소금·후춧가루 조금씩

How to make

1 방울토마토는 반 썰고, 느타리버섯은 밑동을 잘라내고 반으로 찢는다. 양파는 채 썰고, 마늘은 저민다.

2 달군 팬에 올리브유를 두르고 마늘을 노릇하게 튀겨 기름을 뺀다.

3 마늘을 튀겨낸 팬에 양파와 느타리버섯을 볶는다. 숨이 죽으면 소스와 다진 홍피망을 넣고 볶다가 밥을 넣어 볶는다.

4 오븐용 그릇에 볶음밥을 담고 모차렐라 치즈를 올려, 190℃로 예열한 오븐에 10분간 굽는다.

5 구운 볶음밥에 방울토마토를 올리고 그라나 파다노 치즈를 갈아 넣는다.

Tip

그라나 파다노 치즈와 파르미자노 레자노 치즈는 둘 다 풍미가 강한 이탈리아 치즈로 파스타, 리소토, 샐러드 등에 써요. 그라나 파다노는 알갱이가 부서져 씹히는 것이 특징이고, 파르미자노 레자노는 그라나 파다노보다 숙성기간이 길고 고급스러워요.

새우튀김 동글 밥

동글동글한 주먹밥에 새우튀김을 올렸어요.
맵싸한 고추냉이 소스를 찍어 먹으면 잘 어울려요.

Ingredient 2인분

주먹밥
밥 2공기
다진 당근 1큰술
다진 부추 1큰술

새우튀김
새우 8마리
밀가루 1컵
달걀노른자 1개
물 1컵
식용유 적당량

고추냉이 소스
다진 양파 1작은술
마요네즈 3큰술
고추냉이 1/2작은술

How to make

1 박력분, 달걀노른자, 물을 섞어 튀김옷을 만든다.

2 마요네즈와 고추냉이, 다진 양파를 섞어 소스를 만든다.

3 새우는 머리를 떼고 껍데기를 벗긴 뒤 내장을 빼낸다.

4 손질한 새우에 밀가루를 묻히고 튀김옷을 입혀 170℃의 기름에 바삭하게 튀긴다.

5 밥에 다진 당근과 부추를 넣고 섞어 동그랗게 빚는다.

6 접시에 고추냉이 소스를 바른 뒤, 밥을 담고 새우튀김을 올린다.

Tip
튀김옷을 만들 때 박력분과 얼음물을 쓰면 더 바삭해요.

아스파라거스구이 덮밥

담백하고 고소한 덮밥이에요. 먹기 전에 수란을 톡 터트리세요.
달걀노른자가 맛을 한층 더 좋게 해요.

Ingredient 2인분

밥 2공기
아스파라거스 10대
감자 1개
달걀 3개
밀가루 1큰술
식초 2큰술
파르메산 치즈가루 1큰술
파슬리가루 조금
소금·후춧가루 조금씩
버터 조금
올리브유 1큰술

How to make

1 아스파라거스는 껍질을 벗기고 밑동을 잘라 낸다.

2 감자는 껍질을 벗기고 채 썬 뒤, 밀가루 1큰술과 달걀 1개를 섞고 소금, 후춧가루로 간한다.

3 달군 팬에 버터를 녹이고 아스파라거스를 볶아낸다.

4 팬에 올리브유를 두르고 ②의 감자를 노릇하게 지진다.

5 끓는 물에 식초를 넣고, 달걀을 깨뜨려 국자에 담아서 2~3분간 담가 수란을 만든다.

6 접시에 밥을 담고 지진 감자, 아스파라거스, 수란을 올린 뒤 파르메산 치즈가루와 파슬리가루를 뿌린다.

Tip

수란은 냄비에 물이 넉넉해야 잘 만들어져요. 아스파라거스를 볶지 않고 데쳐도 좋아요. 끓는 물에 소금을 조금 넣고 30초 정도 데쳐서 찬물에 헹궈 물기를 빼세요.

홍합밥

통통한 홍합살이 듬뿍 들어간 영양밥이에요.
구운 김과 김치만 올리면 아주 맛있어요.

Ingredient 2인분

쌀 2컵
홍합살 200g
송송 썬 홍고추 조금
송송 썬 실파 조금
간장 1작은술
맛술 1큰술
참기름 2큰술
물 2컵

How to make

1 쌀을 깨끗이 씻어서 체에 밭쳐 30분 정도 불린다.

2 홍합살을 흐르는 물에 가볍게 씻어 물기를 뺀다.

3 달군 솥에 참기름을 두르고 센 불에서 불린 쌀을 달달 볶는다.

4 ③에 홍합살을 넣어 살짝 볶다가 간장과 맛술을 넣는다.

5 솥에 물을 붓고 센 불에서 끓인다. 끓어오르면 중불로 줄이고, 밥물이 잦아들면 약한 불로 줄여 뜸을 들인다.

6 밥이 다 되면 뒤섞어 그릇에 담고 송송 썬 홍고추와 실파를 올린다.

Tip

쌀 씻은 물이 말갛게 될 때까지 헹궈야 밥이 더 고슬거리게 지어져요. 홍합에서 물이 나오니까 밥물은 평소보다 적게 잡으세요.

가자미오븐구이 덮밥

가자미는 담백해서 누구나 좋아해요.
따뜻한 밥 위에 잘 익은 가자미 살과 쫀득한 치즈를 올려 먹으면 기가 막혀요.

Ingredient 2인분

밥 2공기
가자미 1마리
방울토마토 6개
양송이버섯 4개
양파 1/2개
모차렐라 치즈 1/2컵
올리브유 2큰술

소스
데리야키 소스 2큰술
발사믹 식초 1큰술
소금·후춧가루 조금씩

How to make

1 손질한 가자미를 깨끗이 씻어 물기를 뺀 뒤 칼집을 넣는다.

2 방울토마토는 반 자르고, 양송이버섯과 양파는 도톰하게 썬다.

3 오븐용 그릇에 가자미와 방울토마토, 양송이버섯, 양파를 담고 소스를 섞어 끼얹은 뒤, 올리브유와 모차렐라 치즈를 고루 뿌린다.

4 ③의 가자미를 200℃로 예열한 오븐에 20분간 굽는다.

5 접시에 밥을 담고 구운 가자미를 올린다.

Tip

오븐이 없으면 팬에 구우세요. ① 달군 팬에 기름을 두르고 가자미를 넣어 중불에서 지지세요. ② 소스를 섞어 반만 끼얹어가며 약한 불에서 조리세요. ③ 방울토마토, 양송이버섯, 양파를 넣고 남은 소스와 모차렐라 치즈를 뿌린 뒤, 뚜껑을 덮고 치즈가 녹을 때까지 약한 불에서 조리세요.

마파가지두부 덮밥

매콤하면서 부드러운 두부와 가지 맛이 일품이에요.
부드럽게 넘어가 입맛 없을 때도 맛있게 먹을 수 있어요.

Ingredient 2인분

밥 2공기
가지 2개
두부 1/2모
양파 1/2개
청·홍고추 1/2개씩
다진 마늘 1큰술
다진 생강 1작은술
두반장 2큰술
굴소스 1큰술
참기름·후춧가루 조금씩
소금 조금
포도씨유 적당량
물 1/2컵

녹말물
녹말가루 1큰술
물 1큰술

How to make

1 가지는 길게 4등분해 3cm 길이로 썰고, 양파와 청·홍고추는 굵게 다진다.

2 두부는 사방 2cm 크기로 깍둑썰기 해 소금을 살짝 뿌린다.

3 170℃의 기름에 가지를 재빨리 튀겨서 종이타월에 올려 기름을 뺀다.

4 달군 팬에 포도씨유를 두르고 다진 마늘과 생강, 양파, 청·홍고추를 볶다가, 양파가 투명해지면 튀긴 가지를 넣는다.

5 ④에 두반장, 굴소스, 후춧가루를 넣어 볶다가 물과 두부를 넣고 한소끔 끓인다.

6 불을 약하게 줄이고 녹말물을 조금씩 넣어 농도를 맞춘 뒤 참기름을 넣는다.

7 그릇에 밥을 담고 마파가지두부를 끼얹는다.

Tip

매운맛을 좋아하면 청양고추를 넣어도 좋아요. 두부는 끓는 물에 넣고 떠오를 때까지 충분히 익혀서 넣어야 부서지지 않아요.

연어 덮밥

훈제연어를 밥과 함께 즐기는 음식이에요.
달콤 상큼한 파인애플 소스가 맛을 더 살려줘요.

Ingredient 2인분

밥 2공기
날치알 2큰술
훈제연어 6장
어린 루콜라 1줌
양파 1/2개
케이퍼 1큰술
식용유 적당량
소금 조금

파인애플 소스
통조림 파인애플 2쪽
플레인 요구르트 2큰술
마요네즈 1큰술
꿀 1큰술
소금·후춧가루 조금씩

How to make

1 따뜻한 밥에 날치알과 소금을 넣어 섞는다.

2 어린 루콜라는 씻어 물기를 빼고, 양파와 케이퍼는 다진다.

3 파인애플 소스 재료를 믹서에 넣어 곱게 간다.

4 접시에 밥을 담고 훈제연어와 어린 루콜라를 올린 뒤, 파인애플 소스를 끼얹고 다진 양파와 케이퍼를 뿌린다.

Tip

구운 새우를 곁들여도 잘 어울려요. 껍데기를 벗기고 내장을 뺀 뒤 팬에 노릇하게 구워서 올리세요.

구운 치킨을 곁들인 볶음밥

오븐에 바삭하게 구운 치킨과 볶음밥, 달콤한 소스가 만났어요.
밥 대신 파스타와 함께 내도 좋아요.

Ingredient 2인분

밥 2공기
닭 안심 6쪽
양파 1/4개
청·홍고추 1/2개씩
소금·후춧가루 조금씩
포도씨유 1큰술

치킨 크러스트

빵가루 2컵
다진 아몬드 2큰술
파슬리가루 1작은술
허브 믹스 1작은술
다진 마늘 1큰술
달걀 1개
버터 2큰술
소금·후춧가루 조금씩

소스

생크림 1컵
연유 1큰술
통깨 1큰술
소금·후춧가루 조금씩

How to make

1. 닭 안심에 칼집을 넣어 소금, 후춧가루로 간한다.
2. 버터를 실온에서 녹여 달걀을 뺀 치킨 크러스트 재료와 섞는다. 달걀은 맨 마지막에 넣어 섞는다.
3. 닭 안심에 치킨 크러스트를 고루 묻혀 190℃로 예열한 오븐에 20분간 굽는다.
4. 냄비에 소스 재료를 넣어 끓이다가 약한 불로 줄여 걸쭉해질 때까지 끓인다.
5. 양파와 청·홍고추를 잘게 다진다.
6. 달군 팬에 포도씨유를 두르고 다진 양파를 볶다가 밥과 다진 고추를 넣어 볶는다.
7. 접시에 볶음밥과 구운 치킨을 담고 소스를 곁들인다.

Tip

치킨 크러스트를 만들 때는 손으로 가볍게 조물조물 섞는 게 좋아요.

1

3

4

6

미트소스 덮밥

진한 감칠맛이 매력인 미트소스로 덮밥을 만들었어요.
파스타나 리조토와는 다른 맛을 즐겨보세요.

Ingredient 2인분

밥 2공기
파르메산 치즈가루 적당량

미트소스
다진 쇠고기 150g
토마토 2개
마른 표고버섯 2개
당근 1/4개
양파 1/2개
토마토페이스트 1큰술
화이트와인 1큰술
설탕 1작은술
소금·후춧가루 조금씩
올리브유 1큰술
따뜻한 물 1/4컵

How to make

1 마른 표고버섯을 따뜻한 물에 20분 정도 불려 물기를 짜고 채 썬다. 버섯 우린 물은 따로 둔다.

2 토마토는 윗부분에 십자로 칼집을 내어 끓는 물에 살짝 데친 뒤, 껍질을 벗겨 큼직하게 깍둑썰기 한다.

3 당근과 양파를 다져 달군 팬에 올리브유를 두르고 볶는다.

4 ③에 다진 쇠고기를 넣고 소금, 후춧가루로 간한다. 화이트와인을 넣어 좀 더 볶는다.

5 ④에 토마토페이스트와 설탕, 데친 토마토, 표고버섯, 버섯 우린 물을 넣고 한소끔 끓인 뒤, 불을 줄여 20분 정도 더 끓인다.

6 접시에 밥을 담고 미트소스를 끼얹은 뒤 파르메산 치즈가루를 뿌린다.

Tip
미트소스를 미리 만들어두어도 좋아요. 냉장실에 4~7일 정도, 냉동하면 한 달 정도 보관할 수 있어요.

두부김치 잔치국수
오일 파스타
새우 볶음우동
골뱅이 비빔국수
냉메밀국수
마와 달걀노른자를 얹은 우동
비빔당면
닭 칼국수
팥 칼국수

Part 2

한 그릇 국수

One - Plate Noodle

두부김치 잔치국수

멸치국물 붓고 노릇하게 부친 두부와 볶은 김치를 얹어 먹는 국수예요.
부담 없는 재료로 따끈하게 즐기는 한 끼예요.

Ingredient 2인분

소면 200g
두부 2쪽
김치 1컵
실파 1뿌리
소금 조금
식용유 적당량

멸치국물

굵은 멸치 20마리
다시마 10×10cm 1장
물 6컵

How to make

1 냄비에 멸치와 다시마를 넣고 물을 부어 끓인다. 끓으면 다시마를 건지고 중약불로 20분간 끓여 체에 거른다.

2 두부를 1cm 두께로 썰어 소금을 고루 뿌린다.

3 실파는 송송 썰고, 김치는 잘게 썬다.

4 두부의 물기를 닦은 뒤, 달군 팬에 식용유를 두르고 노릇하게 부친다.

5 팬에 식용유를 조금 두르고 김치를 볶는다.

6 끓는 물에 소금을 넣고 소면을 삶아서 찬물에 여러 번 헹궈 물기를 뺀다.

7 그릇에 국수를 담고 ①의 멸치국물을 다시 끓여 부은 뒤, 볶은 김치와 두부를 올리고 실파를 뿌린다.

Tip

김치가 너무 시었으면 설탕을 조금 넣고, 덜 익어 신맛이 안 나면 식초를 조금 넣어 볶으세요.

오일 파스타

만들기 쉽고 멋스러운 파스타예요.
후다닥 만들 수 있어 갑자기 집으로 친구들이 몰려와도 걱정 없어요.

Ingredient 2인분

스파게티 160g
마늘 7쪽
청양고추 1/2개
소금·후춧가루 조금씩
올리브유 4큰술

How to make

1 마늘은 저미고, 청양고추는 다진다.

2 끓는 물에 소금을 넣고 스파게티를 7~8분간 삶아 건진다. 면수 1/4컵은 따로 둔다.

3 달군 팬에 올리브유를 두르고 중약불에서 마늘을 노릇하게 볶는다.

4 ③에 청양고추를 넣어 살짝 볶은 뒤 삶은 스파게티를 넣어 버무린다.

5 ④에 면수 1/4컵을 넣고 소금, 후춧가루로 간해 버무린다.

Tip
맨 마지막에 파르메산 치즈를 갈아 넣으면 풍미가 더 좋아요.

새우 볶음우동

탱탱하고 감칠맛 나는 우동이 입에 착착 감겨요.
청양고추를 넣어 느끼하지 않아요.

Ingredient 2인분

생 우동 400g
새우 12마리
숙주 100g
부추 20g
청양고추 2개
다진 양파 1큰술
다진 마늘 1큰술
소금 조금
식용유 2큰술
슬라이스 라임 2조각

볶음 양념
피시소스 3큰술
굴소스 1큰술
흑설탕 2큰술
라임즙 1큰술
물 1/4컵

How to make

1 새우는 머리를 떼고 껍데기를 벗긴 뒤 내장을 빼낸다.

2 숙주를 씻어 물기를 뺀다. 부추는 5cm 길이로 썰고, 청양고추는 씨를 빼고 송송 썬다.

3 끓는 물에 소금을 조금 넣고 우동을 삶아서 찬물에 헹궈 물기를 뺀다.

4 달군 팬에 식용유를 두르고 다진 마늘과 양파를 볶는다.

5 ④에 볶음 양념을 섞어 넣고 볶다가 새우를 넣어 볶는다.

6 새우가 어느 정도 익으면 우동을 넣고 볶다가 부추와 숙주를 넣어 볶는다. 소금으로 간한다.

7 그릇에 볶음우동을 담고 청양고추와 슬라이스 라임을 올린다.

Tip
새우는 센 불에 볶는 게 좋아요. 약한 불에 볶으면 질겨지고 육즙이 많이 나와 음식이 질척해져요.

골뱅이 비빔국수

오동통한 골뱅이와 쫄깃한 소면을 매콤 새콤한 소스에 무쳤어요.
생각만 해도 군침이 돌아요.

Ingredient 2인분

소면 200g
골뱅이 통조림 1통
오이 1/2개
양파 1/4개
대파 1/2대
소금 조금

양념장
고추장 1작은술
고춧가루 2큰술
설탕 1큰술
식초 2큰술
다진 마늘 1큰술
소금 조금

How to make

1 오이는 반 갈라 어슷하게 저미고, 양파는 채 썬다. 골뱅이는 반으로 썬다.

2 대파는 채 썰어 찬물에 담갔다가 체에 밭쳐 물기를 뺀다.

3 끓는 물에 소금을 넣고 소면을 삶아서 찬물에 헹궈 물기를 뺀다.

4 양념장 재료를 섞어 골뱅이를 먼저 버무린 뒤 양파, 오이, 대파를 넣어 섞는다.

5 골뱅이무침에 소면을 넣어 비빈다.

Tip
끓는 물이나 소면 삶은 물에 골뱅이를 살짝 데쳐내면 비린 맛을 없앨 수 있어요.

냉메밀국수

살얼음이 동동 뜬 국물에 말아 먹는 메밀국수예요.
더운 여름날 선풍기 앞에서 먹으면 가슴 속까지 시원해져요.

Ingredient 2인분

메밀국수 200g
무 조금 100g
실파 2뿌리
김 1장
고추냉이 적당량
소금 조금

국물
가다랑어포 10g
밴댕이 15g
다시마 10×10cm 1장
간장 2큰술
설탕 1큰술
맛술 2큰술
레몬즙 1작은술
물 1컵

How to make

1 냄비에 물을 붓고 밴댕이와 다시마를 넣어 끓인다. 한소끔 끓으면 다시마를 건져내고 가다랑어포를 넣어 2분 정도 끓여서 체에 거른다.

2 ①의 국물에 간장, 설탕, 맛술, 레몬즙을 섞어 냉동실에서 살얼음이 생길 정도로 얼린다.

3 무를 강판에 갈아 물기를 뺀다.

4 실파는 송송 썰고, 김은 돌돌 말아 가위로 가늘게 자른다.

5 끓는 물에 소금을 넣고 메밀국수를 삶아서 찬물에 가볍게 한 번 헹궈 물기를 뺀다.

6 메밀국수와 국물을 따로 담아 무, 실파, 김, 고추냉이를 곁들여 낸다.

Tip

국수를 삶을 때 중간에 두 번 정도 찬물을 부으면 온도 차가 생기면서 국수가 쫄깃해져요. 물이 우르르 끓어오를 때 찬물을 부으세요.

마와 달걀노른자를 얹은 우동

마를 갈아 달걀노른자와 함께 비벼 먹는 국수예요.
위에 부담이 없어서 아침, 점심, 저녁 언제 먹어도 좋아요.

Ingredient 2인분

생 우동 400g
마 40g
실파 2뿌리
김 1/2장
달걀노른자 2개
간장 2큰술
소금 1/2작은술

가다랑어국물
가다랑어포 30g
다시마 5×5cm 1장
물 4컵

How to make

1 냄비에 물을 붓고 다시마를 넣어 끓인다. 끓으면 다시마를 건져내고 가다랑어포를 넣은 뒤 끓어오르면 불을 끈다. 가다랑어포가 가라앉으면 체에 거른다.

2 실파는 송송 썰고, 김은 가위로 가늘게 자른다.

3 마를 깨끗이 씻어 껍질을 벗기고 강판에 간다.

4 끓는 물에 소금을 넣고 우동을 삶아서 체에 밭쳐 물기를 뺀다.

5 가다랑어국물을 끓여 간장과 소금으로 간한 뒤, 삶은 우동을 넣고 한 번 더 끓인다.

6 그릇에 우동과 국물을 담고 간 마와 달걀노른자, 실파, 김을 올린다.

Tip

마는 갈아놓으면 금세 갈색으로 변해요. 간 마는 공기와 닿지 않게 랩으로 싸두세요.

비빔당면

달콤, 짭잘, 고소한 양념장에 당면을 비벼 먹으면 별미예요.
부산 깡통시장의 맛 그대로예요.

Ingredient 2인분

당면 100g
유부 4장
단무지 60g
부추 20g
빨간 파프리카 1/2개

양념장
간장 3큰술
식초 1큰술
맛술 1큰술
물 2큰술
고춧가루 1큰술
올리고당 1/2큰술
참기름·깨소금 조금씩
소금 조금

How to make

1 삶은 당면과 부추를 4cm 길이로 썰고, 단무지와 파프리카도 같은 크기로 채 썬다.

2 유부를 채 썰어 끓는 물에 살짝 데친다.

3 끓는 물에 당면을 7분 정도 삶아서 찬물에 헹궈 물기를 뺀다.

4 양념장 재료를 섞은 뒤 당면, 단무지, 부추, 파프리카를 넣어 비빈다.

5 그릇에 비빈 당면을 담고 유부를 올린다.

Tip
아삭하게 데친 콩나물을 넣거나 삶은 달걀을 위에 얹어도 좋아요. 매운맛을 좋아하면 고춧가루를 더 넣으세요.

닭 칼국수

진한 국물의 닭 칼국수는 촉촉하게 비 내리는 날 참 잘 어울려요.
사랑하는 사람과 함께 끓여 먹으면 더 맛있답니다.

Ingredient 2인분

생 칼국수 300g
닭 1/2마리
감자 1개
양파 1/2개
애호박 1/6개
청주 1큰술
다진 마늘 1작은술
국간장·소금 조금씩
물 4컵

How to make

1 닭을 깨끗이 씻어 냄비에 담은 뒤 물을 붓고 청주를 넣어 끓인다. 거품이 생기면 걷어내고, 불을 줄여 1시간 정도 더 끓인다.

2 닭이 푹 익으면 건져서 살을 발라 찢고, 국물은 체에 거른다.

3 감자와 양파는 큼직하게 썰고, 애호박은 채 썬다.

4 닭 삶은 물에 감자, 양파, 애호박을 넣어 끓이다가, 칼국수를 흩어 넣고 젓가락으로 저어가며 끓인다. 다진 마늘을 넣고 국간장, 소금으로 간한다.

5 그릇에 칼국수를 담고 닭고기를 올린다.

Tip
생 칼국수는 보통 냉장 보관하는데, 살짝 데쳐서 냉동 보관하면 더 오래 두고 먹을 수 있어요.

팥 칼국수

팥 칼국수는 담백하고 부드러워 훌훌 잘 넘어가고 영양도 풍부해요.
추운 겨울에 먹으면 더 맛있어요.

Ingredient 2인분

생 칼국수 300g
팥 2컵
소금 조금
물 15컵

How to make

1 팥을 깨끗이 씻어 냄비에 담고 물을 팥이 잠길 정도로 부어 한소끔 끓인다. 끓인 물을 버리고 다시 물 15컵을 부어 푹 삶는다.

2 삶은 팥을 고운체에 내려 으깬다.

3 끓는 물에 칼국수를 삶아서 찬물에 헹궈 물기를 뺀다.

4 체에 내린 팥과 팥물을 냄비에 담아 끓이다가 소금으로 간한다.

5 그릇에 칼국수를 담고 ④의 팥물을 붓는다.

Tip

입맛에 따라 설탕을 조금 넣어도 맛있어요. 마지막에 팥물에 국수를 넣고 한소끔 끓이면 더 따끈하게 먹을 수 있어요.

아보카도 김밥
크루아상 샌드위치
동글동글 주먹밥
소시지 감자 샌드위치
참치 토마토 샌드위치
밥 샌드 애호박전
딸기 오픈샌드위치
불고기 루콜라 샌드위치
3가지 맛 삼각김밥
시금치 치즈 롤 샌드위치

Part 3

도시락

Packed Lunch

아보카도 김밥

몸에 좋은 재료들만 넣어 맛과 건강 두 마리 토끼를 다 잡았어요.
망고 소스를 찍어 먹으면 기가 막혀요.

Ingredient 2인분

밥 2공기
김 6장

밥 양념
망고 소스 1큰술
통깨·소금 조금씩

속 재료
아보카도 1개
양상추 3장
스트링 치즈 3개

망고 소스
아보카도 1/2개
망고 1/2개
올리브유 2큰술
레몬즙 1큰술
다진 마늘 1/4작은술
소금 조금

How to make

1 망고 소스 재료를 믹서에 넣고 곱게 간다.

2 따뜻한 밥에 망고 소스 1큰술과 통깨, 소금을 넣어 섞는다.

3 아보카도는 반 잘라 씨를 빼고 껍질을 벗겨 0.5cm 두께로 썬다. 양상추는 돌돌 말아 채 썰고, 스트링 치즈는 반으로 찢는다.

4 김에 양념한 밥을 고르게 펴고 아보카도, 양상추, 치즈를 올려 돌돌 만다.

5 김밥을 먹기 좋게 썰어 그릇에 담고 망고 소스를 곁들인다.

Tip
아보카도가 무르게 익으면 자칫 자르다가 뭉개질 수 있어요. 뭉개지면 포크로 으깨어 넣으세요.

크루아상 샌드위치

햄, 치즈, 토마토, 크루아상… 생각만 해도 맛있는 재료들이죠.
야외에서도 편하게 먹을 수 있는 샌드위치예요.

Ingredient 2인분

크루아상 2개
슬라이스 햄 6장
에멘탈 치즈(슬라이스) 6장
토마토 1개
양파 1개
오이 1/2개
돌나물 50g
마요네즈 2큰술
홀그레인 머스터드 2큰술
버터 조금

How to make

1 토마토, 양파, 오이는 얇게 썰고, 돌나물은 씻어 물기를 뺀다.

2 크루아상을 반 갈라 버터를 바른다.

3 크루아상에 토마토, 양파, 치즈, 오이, 햄, 돌나물을 올리고, 마요네즈와 홀그레인 머스터드를 섞어 바른 뒤 크루아상을 덮는다.

Tip
양파를 얼음물에 담갔다가 건지면 매운맛도 빠지고 아삭아삭해져요. 물기를 충분히 빼서 빵에 넣어야 한다는 것만 잊지 마세요. 채소는 양상추, 세발나물 등 다양하게 변화를 줘도 좋아요.

동글동글 주먹밥

가벼운 식사를 하고 싶을 때 좋아요.
주먹밥을 구워야 해서 손이 조금 가지만 그만큼 더 맛있어진답니다.

Ingredient 2인분

밥 2공기
깻잎 5장
식용유 2큰술

조림장
간장 2큰술
청주 2큰술
올리고당 2큰술
다진 생강 1작은술
녹말가루 1작은술
물 1/3컵

How to make

1 조림장 재료를 섞는다.

2 깻잎을 돌돌 말아 채 썬다.

3 밥을 4등분해서 동글납작하게 빚는다.

4 달군 팬에 식용유를 두르고 중불에서 밥을 노릇노릇하게 굽는다.

5 ④에 조림장을 넣어 윤기 나게 조린다.

6 접시에 조린 주먹밥을 담고 깻잎을 올린다.

Tip
충분히 달군 석쇠에 조림장을 발라 구워도 맛있어요. 석쇠 자국이 생기도록 노릇노릇하게 구우세요.

소시지 감자 샌드위치

으깬 감자와 양파, 파인애플을 넣은 미니 샌드위치예요.
귀여운 문어 모양 소시지가 포인트랍니다.

Ingredient 2인분

모닝빵 4개
감자 3개
양파 1/4개
통조림 파인애플 2쪽
굵게 다진 호두 1/4컵
비엔나소시지 4개
식용유 조금

소스
마요네즈 2큰술
꿀 1큰술
홀그레인 머스터드 1작은술
파슬리가루 2큰술
소금·후춧가루 조금씩

How to make

1 감자는 껍질을 벗기고 듬성듬성 썰어서 전자레인지에 익혀 으깬다.

2 양파와 파인애플은 잘게 썰고, 비엔나소시지는 한쪽 끝에 칼집을 낸다.

3 으깬 감자와 잘게 썬 양파, 파인애플, 호두를 한데 담고 소스를 넣어 섞는다.

4 달군 팬에 식용유를 두르고 비엔나소시지를 굽는다.

5 모닝빵을 반 갈라 ③의 감자를 채워 넣고 빵 위에 비엔나소시지를 꽂는다.

Tip
부드러운 맛을 좋아하면 감자가 뜨거울 때 체에 곱게 내리세요.

참치 토마토 샌드위치

호밀빵에 참치와 토마토, 채소를 차곡차곡 얹어 만들었어요.
청양고추가 들어가 매콤한 소스 맛이 포인트예요.

Ingredient 2인분

호밀빵 4장
참치 통조림 1통
토마토 2개
어린잎채소 40g
슬라이스 체더치즈 2장
버터 조금

소스
마요네즈 6큰술
다진 양파 1큰술
다진 오이피클 2큰술
다진 청양고추 1작은술
핫소스 조금
소금·후춧가루 조금씩

How to make

1 달군 팬에 버터를 두르고 호밀빵을 앞뒤로 굽는다.

2 참치 통조림을 체에 밭쳐 기름을 뺀다.

3 토마토는 얇게 썰고, 어린잎채소는 씻어 물기를 뺀다.

4 참치와 소스 재료를 섞는다.

5 호밀빵에 ④의 소스를 바르고 체더치즈, 토마토, 어린잎채소를 올린 뒤 호밀빵을 덮는다.

Tip
참치 통조림이 남으면 밀폐용기에 옮겨 담아 냉장 보관하고, 되도록 빨리 드세요.

밥 샌드 애호박전

애호박 사이에 밥을 넣어 부쳤어요.
달콤한 애호박전과 양념한 밥을 한입에 먹는 이색 샌드위치예요.

Ingredient 2인분

밥 2공기
애호박 1개
다진 양파 1큰술
다진 당근 1큰술
다진 부추 1큰술
밀가루 2큰술
달걀 1개
소금 조금
식용유 적당량

How to make

1 애호박을 0.5cm 두께로 썰어 소금을 뿌린다.

2 달군 팬에 식용유를 두르고 다진 양파와 당근을 볶는다.

3 밥에 볶은 양파와 당근, 다진 부추를 넣어 섞는다.

4 애호박에 앞뒤로 밀가루를 묻힌 뒤, 애호박 사이에 ③의 밥을 넣어 꾹꾹 누른다.

5 달걀을 곱게 푼다.

6 달군 팬에 식용유를 두르고, ④의 애호박을 달걀물에 담갔다가 건져 앞뒤로 노릇하게 부친다.

Tip

애호박을 얇게 썰면 흐물흐물하고, 두껍게 썰면 간이 고루 배지 않아요. 포인트는 너무 오래 익히지 말고 살캉한 맛을 살리는 것이에요.

딸기 오픈샌드위치

입맛 없고 나른한 날 어울리는 메뉴예요.
상큼한 딸기와 리코타 치즈가 잃어버린 입맛을 찾아줘요.

Ingredient 2인분

호밀빵 4장
딸기 10개
바질 잎 10g
리코타 치즈 1컵
딸기잼 적당량

How to make

1 달군 팬에 호밀빵을 올려 살짝 굽는다.

2 딸기는 0.5cm 두께로 썰고, 바질은 채 썬다.

3 구운 호밀빵에 리코타 치즈와 딸기잼을 바른 뒤, 딸기를 올리고 바질을 뿌린다.

Tip

리코타 치즈는 집에서 쉽게 만들 수 있어요. ① 우유 500mL와 생크림 250mL를 냄비에 넣고 중불에서 저어가며 끓이세요. ② 끓으면 약한 불로 줄이고 레몬즙 2큰술과 소금을 조금 넣어 살짝 저으세요. ③ 한 김 식으면 면 보자기를 깐 체에 부어 물기를 빼세요. 체에 담은 상태로 냉장고에 하루 정도 두면 더 좋아요.

불고기 루콜라 샌드위치

겉은 바삭하고 안은 촉촉한 바게트 안에 맛있는 불고기와 신선한 루콜라를 넣었어요.
입도 즐겁고 몸에도 좋은 홈메이드 샌드위치예요.

Ingredient 2인분

바게트 1/2개
쇠고기(불고기용) 200g
루콜라 100g
홀그레인 머스터드 1큰술

불고기 양념
간장 2큰술
설탕 1/2큰술
맛술 1작은술
다진 마늘 1/2큰술
소금 1/2작은술
후춧가루 조금

How to make

1 쇠고기를 불고기 양념에 잰다.

2 루콜라를 씻어 물기를 뺀다.

3 달군 팬에 양념한 쇠고기를 볶는다.

4 바게트를 반 갈라 홀그레인 머스터드를 바르고 루콜라와 불고기를 올린다.

Tip

바게트를 반 가를 때 완전히 자르지 말고 조금 남겨두세요. 속 재료가 비어져 나가는 일 없이 편하게 먹을 수 있어요.

3가지 맛 삼각김밥

몸에 좋은 버섯과 채소로 삼각김밥을 만들었어요.
말린 채소의 아작아작한 맛이 좋아요.

Ingredient 2인분

밥 2공기
김 3장
당근 1/2개
마른 애호박 6쪽
마른 표고버섯 6개
간장 조금
소금 조금
포도씨유 적당량

밥 양념

간장 조금
참기름·통깨 조금씩
소금 조금

How to make

1 당근을 채 썰어 햇볕에 3시간 정도 말린다.

2 마른 표고버섯과 마른 애호박을 씻어 미지근한 물에 30분 정도 불린 뒤, 물기를 꼭 짜 채 썬다. 말린 당근도 불려 물기를 꼭 짠다.

3 달군 팬에 포도씨유를 두르고 당근과 애호박을 각각 소금으로 간해 볶는다. 표고버섯은 간장으로 간해 볶는다.

4 따뜻한 밥에 간장, 소금, 참기름, 통깨를 넣어 섞는다.

5 양념한 밥을 3등분해 각각 당근, 애호박, 표고버섯을 넣고 삼각형으로 만든다.

6 김을 7cm 폭으로 잘라 ⑤의 밥을 감싼다.

Tip

밥을 비닐 랩으로 싸서 모양을 잡으면 한결 쉬워요. 햇볕 좋은 날에 당근, 버섯, 애호박 등을 썰어 채반에 펼쳐 말리면 두고두고 요긴하답니다.

시금치 치즈 롤 샌드위치

씹을수록 단맛이 나는 시금치와 고소한 치즈가 잘 어울려요.
한입에 쏙 들어가 먹기도 편해요.

Ingredient 2인분

식빵 4장
시금치 200g
슬라이스 체더치즈 4장
소금 조금

시금치 양념
국간장 1큰술
참기름 1/2큰술
깨소금 1/2작은술

How to make

1 시금치를 다듬어 씻어 끓는 물에 소금을 넣고 데친 뒤, 재빨리 체에 밭쳐 물기를 뺀다. 식으면 물기를 꼭 짠다.

2 데친 시금치를 양념에 무친다.

3 식빵을 밀대로 납작하게 밀어 테두리를 잘라낸다.

4 ③의 식빵에 체더치즈와 시금치를 올리고 돌돌 말아 비닐 랩으로 싼다. 냉장고에 10분간 넣어둔다.

5 샌드위치를 먹기 좋게 썬다.

Tip

시금치를 데쳐서 헹구면 맛과 영양이 빠져나가요. 깨끗이 씻어서 데치고 헹구지 마세요. 샌드위치는 냉장고에 넣어 두었다가 썰어야 동그란 모양이 나와요.

바삭 군만두
탕수김말이
브로콜리 비빔라면
깻잎과 달걀노른자를 얹은 짜장라면
유자 햄버그스테이크
족발 쌀국수
돈가스덮밥
탄두리치킨
호떡과 한라봉 샐러드
사과튀김과 아이스크림을 곁들인 팬케이크

Part 4

간편 요리

Precooked Food

바삭 군만두

밀가루 물을 붓고 튀기듯이 구운 만두요리예요.
맛은 물론 바삭바삭한 밀가루 꽃을 뜯어 먹는 재미도 있답니다.

Ingredient 2인분

냉동 만두 20개
식용유 적당량

밀가루 꽃
밀가루 1큰술
물 1컵

How to make

1 밀가루와 물을 섞는다.

2 달군 팬에 식용유를 두르고 냉동 만두를 굽는다.

3 한쪽 면이 익으면 뒤집고 ①의 밀가루 물을 부어 굽는다.

Tip
밀가루 물을 넣으면 만두를 뒤집을 수 없어요. 반드시 한쪽 면을 노릇하게 익힌 뒤에 뒤집고 밀가루 물을 부으세요.

탕수김말이

간장만 찍어 먹던 김말이를 색다르게 즐기세요.
새콤달콤한 탕수육 소스를 곁들이면 고급 요리 못지않아요.

Ingredient 2인분

냉동 김말이 400g
오이 1/2개
빨강·주황·노랑
파프리카 1/3개씩
양파 1개
식용유 적당량

소스
간장 4큰술
설탕 4큰술
물엿 1큰술
식초 3큰술
물 1컵
녹말물 1/2컵
(녹말가루 2큰술, 물 1/2컵)

How to make

1 냉동 김말이를 실온에 30분 정도 두어 해동한다.

2 오이, 파프리카, 양파를 먹기 좋게 썬다.

3 해동한 김말이를 170℃의 기름에 노릇노릇하게 튀긴다.

4 녹말가루와 물을 잘 섞어 녹말물을 만든다.

5 냄비에 소스 재료를 끓이다가 설탕이 다 녹으면 채소를 넣어 끓인 뒤, 녹말물을 넣어 걸쭉해질 때까지 끓인다.

6 그릇에 튀긴 김말이를 담고 소스를 끼얹는다.

Tip
녹말물은 보통 녹말가루와 물을 1 : 1로 섞는데, 초보자는 물을 더 넣어 묽게 섞는 게 농도 맞추기가 쉬워요. 김말이는 튀겨서 기름을 충분히 빼야 맛이 깔끔해요.

브로콜리 비빔라면

인스턴트 비빔라면에 칠리소스를 더해 새로운 비빔라면을 만들었어요.
브로콜리를 넣어 아작아작한 맛이 좋아요.

Ingredient 2인분

비빔라면 2개
브로콜리 1/2개

소스
비빔라면 소스 1개
칠리소스 1큰술
참기름 조금
식용유 적당량

How to make

1 브로콜리는 작은 송이를 잘라서 끓는 물에 데쳐 물기를 뺀다.

2 비빔라면 소스와 칠리소스, 참기름을 섞는다.

3 끓는 물에 면을 삶아서 찬물에 헹궈 물기를 뺀다.

4 삶은 면에 소스를 넣어 비빈다.

5 그릇에 비빔라면을 담고 데친 브로콜리를 올린다.

Tip
삶은 면을 얼음물에 헹구면 더 쫄깃해요. 김치를 잘게 썰어서 볶아 넣어도 맛있어요.

깻잎과 달걀노른자를 얹은 짜장라면

짜장라면에 달걀노른자를 넣어 비벼 먹으면 고소하고 부드러워요.
여기에 향 좋은 깻잎을 더했어요.

Ingredient 2인분

짜장라면 2개
깻잎 10장
달걀노른자 2개
물 4컵

How to make

1 깻잎을 돌돌 말아 채 썬다.

2 끓는 물에 면과 플레이크를 넣어 끓인다.

3 면이 익으면 물을 따라내고 분말수프를 넣어 섞는다.

4 그릇에 짜장라면을 담고 제품에 들어있는 올리브유를 뿌린 뒤 깻잎과 달걀노른자를 올린다.

Tip
물을 2컵만 끓인 뒤 면과 플레이크, 분말수프를 넣고 자작하게 졸이듯이 끓여도 맛있어요.

유자 햄버그스테이크

향긋한 유자 소스를 곁들인 햄버그스테이크예요.
냉동식품으로 간단하게 고급스러운 한 끼를 즐길 수 있어요.

Ingredient 2인분

냉동 햄버그스테이크 2개
대파(흰 부분) 4대
식용유 1/2큰술

유자 소스
간장 1/2큰술
유자청 1/2큰술
물 1½큰술

How to make

1 냉동 햄버그스테이크를 실온에 30분 정도 두어 해동한다.

2 대파를 송송 썰어 얼음물에 담갔다가 체에 받쳐 물기를 뺀다.

3 유자 소스 재료를 섞는다.

4 달군 팬에 식용유를 두르고 해동한 햄버그스테이크를 노릇하게 굽는다.

5 접시에 햄버그스테이크를 담고 채 썬 대파를 올린 뒤 유자 소스를 뿌린다.

Tip
냉동식품은 실온에서 적어도 30분 이상 녹인 다음에 조리하세요. 해동하지 않고 바로 조리하면 겉은 타고 속은 잘 안 익어요.

족발 쌀국수

편의점에서 파는 족발을 쌀국수와 함께 새콤 짭짤한 소스에 비벼 먹는 일품요리예요.
손님상에 내놓아도 손색없어요.

Ingredient 2인분

족발 200g
쌀국수 100g
양상추 6장
당근 1/4개
양파 1/4개
마늘 2쪽
포도씨유 1큰술

소스
간장 4큰술
올리브유 2큰술
설탕 2큰술
식초 1큰술
새우젓 1/4작은술
다진 청양고추 1큰술

How to make

1 쌀국수를 찬물에 담가 30분 정도 불린다.

2 소스 재료를 섞어 냉장실에 넣어둔다.

3 양상추는 먹기 좋게 뜯고, 당근과 양파는 채 썬다. 마늘은 저민다.

4 달군 팬에 포도씨유를 두르고 마늘을 볶다가 족발을 넣어 볶는다.

5 끓는 물에 불린 쌀국수를 30초 정도 데쳐서 찬물에 헹궈 물기를 뺀다.

6 그릇에 양상추, 당근, 양파, 족발, 쌀국수를 담고 소스를 뿌린다.

Tip

쌀국수 대신 쫄깃한 쫄면을 넣어도 맛있어요. 쫄면은 끓는 물에 5분 정도 삶아서 찬물에 헹궈 넣으세요.

돈가스덮밥

쯔유 소스에 돈가스와 달걀을 넣고 끓여 밥에 끼얹어 먹는 한 그릇 밥이에요.
촉촉한 돈가스는 또 다른 맛이 있어요.

Ingredient 2인분

밥 2공기
냉동 돈가스 2개
쯔유 3큰술
달걀 1개
식용유 적당량

How to make

1 냉동 돈가스를 실온에 30분 정도 두어 해동한다.

2 해동한 돈가스를 160℃의 기름에 노릇노릇하게 튀긴다.

3 냄비에 쯔유를 끓이다가, 끓으면 튀긴 돈가스를 넣는다.

4 ③에 달걀을 풀어 넣고 바로 불을 끈다.

5 그릇에 밥을 담고 ④의 돈가스와 국물을 끼얹는다.

Tip

돈가스는 낮은 온도에서 천천히 튀겨야 속까지 잘 익어요. 달걀을 풀어 넣은 뒤에는 오래 끓이지 마세요. 달걀이 너무 익어 부드러운 맛이 없어지고, 돈가스도 튀김옷이 떨어져 먹음직스럽지 않아요. 달걀물에 양파를 채 썰어 넣어도 좋아요.

탄두리치킨

여럿이 함께 먹기 좋은 인도 음식이에요.
토르티아를 구워 난처럼 싸 먹으면 좋아요.

Ingredient 2인분

토르티아 2장
냉동 프라이드 치킨 300g
시판 탄두리소스 50g
떠먹는 플레인 요구르트 100g
통조림 파인애플 2쪽
어린 루콜라 1줌

채소절임
오이 1/2개
당근 1/4개
양파 1/2개
설탕 1 큰술
식초 1½큰술

How to make

1 냉동 프라이드 치킨에 탄두리소스와 플레인 요구르트를 넣고 버무려 30분간 잰다.

2 오이, 당근, 양파를 채 썰어 설탕과 식초에 버무려서 30분간 절인다.

3 파인애플을 2×2cm 크기로 썬다.

4 어린 루콜라를 씻어 물기를 뺀다.

5 양념한 치킨을 200℃로 예열한 오븐에 25분간 굽는다.

6 마른 팬에 토르티아를 노릇하게 굽는다.

7 접시에 토르티아를 담고 탄두리치킨과 채소절임, 파인애플, 어린 루콜라를 올린다.

Tip

탄두리소스는 제품마다 짠 정도가 달라요. 입맛에 맞춰 소스와 요구르트의 비율을 조절하세요. 탄두리 치킨은 거창한 음식 같지만 냉동 프라이드 치킨과 시판 소스를 이용하면 쉽게 만들 수 있어요.

호떡과 한라봉 샐러드

쫄깃하고 달콤한 호떡은 남녀노소 누구나 좋아하는 음식이에요.
상큼한 한라봉 샐러드를 곁들이면 영양이 보완돼요.

Ingredient 2인분

시판 호떡 가루 1봉
(흑설탕 필링 포함 400g)
따뜻한 물 180mL
식용유 2큰술

한라봉 샐러드
한라봉 1개
어린잎채소 40g
올리브유 1작은술

How to make

1 호떡 가루와 제품에 들어있는 이스트를 섞은 뒤, 40~50℃의 따뜻한 물을 넣어 한 덩어리로 반죽한다.

2 손에 식용유를 바르고 반죽을 떼어 평평하게 편 뒤, 제품에 들어있는 흑설탕 필링을 한 숟가락 넣고 오므린다.

3 달군 팬에 식용유를 두르고 반죽을 오므린 쪽이 아래로 가게 올려 굽는다. 밑면이 노릇해지면 뒤집어 누르개로 누르며 굽는다.

4 한라봉은 껍질을 벗겨 과육만 발라내고, 어린잎채소는 씻어 물기를 뺀다.

5 접시에 호떡을 담고 어린잎채소와 한라봉을 곁들여 담는다. 채소와 한라봉에 올리브유를 뿌린다.

Tip

제품에 들어있는 흑설탕 필링 대신 설탕 5큰술, 다진 견과 2큰술, 시나몬 파우더 1/2작은술을 섞어 넣어도 맛있어요. 한라봉 대신 오렌지나 자몽을 곁들여도 좋아요.

사과튀김과 아이스크림을 곁들인 팬케이크

따뜻한 팬케이크와 아이스크림은 환상의 짝꿍이에요.
계피 향이 솔솔 나는 사과튀김까지 곁들이면 멋진 브런치 레스토랑이 부럽지 않아요.

Ingredient 2인분

시판 팬케이크 가루 250g
우유 3/4컵
달걀 1개
버터 1작은술
아이스크림 2스쿠프
메이플시럽 2큰술

사과튀김
사과 1개
설탕 2큰술
시나몬 파우더 조금
식용유 적당량

How to make

1 팬케이크 가루와 우유, 달걀을 섞는다.

2 달군 팬에 버터를 두르고 팬케이크 반죽을 넣어 앞뒤로 노릇하게 굽는다.

3 사과는 껍질을 벗기고 2cm 두께로 동그랗게 썰어 씨 부분을 잘라낸다.

4 사과를 170℃의 기름에 노릇하게 튀겨낸 뒤, 설탕과 시나몬 파우더를 섞어 고루 묻힌다.

5 접시에 팬케이크를 담고 사과튀김과 아이스크림을 올린 뒤 메이플시럽을 뿌린다.

Tip
팬케이크를 구울 땐 불 조절을 잘해야 해요. 너무 센 불에서 구우면 타기 쉬워요. 달군 팬에 버터를 두르고 반죽을 넣은 뒤 불을 줄이세요.

딸기 샐러드
사과 샐러드
나토 두부 샐러드
오렌지 불고기 샐러드
파스타 샐러드
고구마 수프
양파 수프
버섯채소죽
굴죽
녹두죽
전복죽
딸기 생크림 샌드위치
메이플시럽 떡구이
크로크마담

Part 5

샐러드 & 아침

Salad & Breakfast

딸기 샐러드

상큼한 딸기와 담백한 생 모차렐라 치즈, 고소한 호두의 어울림이 좋아요.
여기에 향긋한 바질까지 더했어요.

Ingredient 2인분

딸기 20개
생 모차렐라 치즈 130g
바게트 1/4개
호두 4개
바질 잎 15g
버터 1작은술

드레싱
올리브유 2큰술
화이트 발사믹 식초 1큰술
꿀 1작은술
후춧가루 조금

How to make

1 딸기를 씻어 물기를 빼고 생 모차렐라 치즈도 물기를 빼서, 둘 다 한입 크기로 썬다. 호두는 굵게 다진다.

2 바게트를 딸기와 같은 크기로 썰어 달군 팬에 버터를 두르고 노릇하게 볶는다.

3 바게트를 볶아낸 팬에 호두를 볶는다.

4 딸기, 치즈, 바게트를 한데 담고 드레싱을 섞어 넣어 버무린다.

5 그릇에 샐러드를 담고 바질 잎과 다진 호두를 뿌린다.

Tip
바게트를 볶을 때 자칫 눈을 떼면 타버릴 수 있어요. 지켜보면서 볶으세요.

사과 샐러드

아침 사과는 금이라는 말이 있어요. 사과의 아삭함과 말린 사과의 바삭함을
함께 느낄 수 있는 샐러드로 맛도 즐기고 건강도 챙기세요.

Ingredient 2인분

사과 2개
방울토마토 6개
돌나물·어린잎채소·
루콜라 100g
그뤼에르 치즈 30g

드레싱
화이트와인 식초 2큰술
올리브유 3작은술
다진 양파 1큰술
꿀 1작은술
소금·후춧가루 조금씩

How to make

1 사과 1개는 가로로 얇게 썰어 하루 동안 말린다.

2 남은 사과 1개는 단면이 드러나도록 0.3cm 두께로 썰어 씨를 뺀다.

3 방울토마토는 반 자르고, 채소는 씻어 물기를 뺀다.

4 드레싱 재료를 섞는다.

5 접시에 채소와 사과, 방울토마토를 담고 드레싱과 그뤼에르 치즈를 뿌린다.

Tip
샐러드는 물기를 충분히 빼는 게 중요해요. 물기가 있으면 드레싱이 싱거워져 맛이 없어요.

나토 두부 샐러드

나토와 두부는 몸에 좋은 대표 식품이에요.
식물성 단백질 샐러드로 몸은 가볍게, 속은 든든하게 하루를 시작하세요.

Ingredient 2인분

나토 2팩(200g)
두부 1모(300g)
오이 1개
실파 30g

발사믹 드레싱
발사믹 식초 3큰술
레드와인 3큰술
간장 4큰술
꿀 3큰술
후춧가루 조금

How to make

1 오이는 4~5cm 길이로 토막 낸 뒤 돌려 깎아 채 썰고, 실파는 송송 썬다.

2 두부는 사방 2cm 크기로 깍둑썰기 해서 물기를 뺀다.

3 발사믹 드레싱 재료를 섞는다.

4 접시에 오이를 깔고 두부와 나토를 담은 뒤, 발사믹 드레싱과 실파를 뿌린다.

Tip
레드와인이 달면 꿀의 양을 줄이세요. 아보카도를 넣어도 맛있어요.

오렌지 불고기 샐러드

단백질이 풍부한 쇠고기, 비타민이 풍부한 채소와 오렌지.
맛과 영양의 균형이 잘 맞아 한 끼 식사로 좋아요.

Ingredient 2인분

쇠고기(불고기용) 200g
오렌지 1개
양상추 2장
부추 20g

불고기 양념
간장 2큰술
설탕 1/2큰술
맛술 1작은술
다진 파 1/2큰술
다진 마늘 1큰술
소금 1/2작은술
후춧가루 조금

How to make

1 쇠고기를 불고기 양념에 잰다.

2 양상추는 먹기 좋게 뜯고, 부추는 3cm 길이로 썬다. 오렌지는 칼로 과육만 발라낸다.

3 달군 팬에 양념한 쇠고기를 넣어 볶는다.

4 접시에 채소를 담고 불고기와 오렌지를 올린다.

Tip
쇠고기는 살짝 볶아야 연하고 맛있어요. 붉은 기가 없어지면 불을 끄세요.

파스타 샐러드

차게 즐기는 파스타요리예요.
세발나물과 버무려 아작아작 씹는 맛이 좋아요.

Ingredient 2인분

파르팔레 200g
세발나물 100g
오이 1개
블랙 올리브 6개
소금 조금

발사믹 드레싱
발사믹 식초 3큰술
올리브유 1½큰술
다진 양파 1큰술
꿀 1작은술
소금 조금

How to make

1 끓는 물에 소금을 넣고 파르팔레를 10분간 삶아 건진다.

2 세발나물을 씻어 물기를 뺀다. 오이는 어슷하게 저며 썰고, 블랙올리브는 반으로 썬다.

3 발사믹 드레싱 재료를 섞는다.

4 모든 재료를 한데 담고 드레싱을 넣어 버무린다.

Tip

드레싱을 만들 때 발사믹 식초에 소금을 먼저 섞은 뒤 올리브유를 넣으세요. 올리브유를 먼저 넣으면 소금이 잘 녹지 않을 수 있고, 기름 맛에 가려져 간을 제대로 볼 수 없어요.

고구마 수프

달콤한 고구마와 우유가 만났어요.
부드러워서 잘 넘어가고 속이 편치 않아도 부담이 없어요.

Ingredient 2인분

고구마 1개(300g)
우유 2컵
소금 조금
식용유 적당량

How to make

1. 고구마를 얇게 두 쪽 썰고, 나머지는 큼직하게 숭덩숭덩 썬다.

2. 얇게 썬 고구마를 170℃의 기름에 바삭하게 튀긴다.

3. 크게 썬 고구마를 전자레인지에 익혀 껍질을 벗긴다.

4. 전자레인지에 익힌 고구마를 믹서에 넣고 우유를 부어 곱게 간다.

5. 곱게 간 고구마를 중약불에서 저어가며 끓이다가 소금으로 간한다.

6. 그릇에 고구마 수프를 담고 튀긴 고구마를 올린다.

Tip

바게트를 달군 팬에 기름 없이 바삭하게 구워 곁들여 먹어도 맛있어요.

양파 수프

닭고기국물을 넣고 오랜 시간 끓여 맛이 깊어요.
저녁에 미리 만들어두었다가 아침에 데워 먹으면 더 맛있어요.

Ingredient 2인분

양파 2개
대파 1대
밀가루 2컵
치킨 브로스
(또는 닭고기국물) 2컵
포트와인 1½큰술
월계수 잎 1장
소금·후춧가루 조금씩
버터 5큰술

How to make

1 양파는 가늘게 채 썰고, 대파는 송송 썬다.

2 달군 팬에 버터를 녹이고 양파를 넣어 중약불에서 소금, 후춧가루로 간해 천천히 볶는다.

3 양파가 갈색이 나면 불을 끄고 밀가루를 넣어 섞는다.

4 ③에 치킨 브로스와 대파, 월계수 잎을 넣어 끓이다가 포트와인을 넣고 더 끓인다. 마지막에 소금, 후춧가루로 간한다.

Tip

치킨 브로스는 닭고기국물이에요. 치킨 스톡과 비슷한데 치킨 스톡이 농축되어 더 진하죠. 치킨 브로스 대신 액상 치킨 스톡 1큰술을 물 2컵에 섞어 만들어도 돼요. 포트와인이 없으면 달지 않은 레드와인을 넣으세요.

버섯채소죽

향긋한 가을의 맛이 느껴지는 음식이에요.
몸은 가볍게, 속은 편안하게 만들고 싶을 때 좋아요.

Ingredient 2인분

불린 쌀 1컵
표고버섯 3개
양송이버섯 3개
시금치 100g
다진 당근 1큰술
참기름 1큰술
소금 조금
물 3컵

How to make

1 표고버섯은 채 썰고, 양송이버섯은 모양 살려 도톰하게 썬다. 시금치는 다듬어 씻어 물기를 뺀 뒤 5cm 길이로 썬다.

2 달군 냄비에 참기름을 두르고 불린 쌀을 볶다가 표고버섯, 양송이버섯, 다진 당근을 넣어 볶는다.

3 ②에 물을 부어 쌀이 퍼질 때까지 끓인 뒤, 시금치를 넣고 소금으로 간한다.

Tip

밥을 지을 때도, 죽을 쑬 때도 쌀을 불려서 써야 잘 퍼지고 맛있어요. 쌀을 깨끗이 씻어 물에 담가 30분 정도 불린 뒤, 체에 밭쳐 물기를 빼세요.

굴죽

찬바람이 불면 맛과 영양이 꽉 찬 굴죽이 제 맛이에요.
표고버섯을 넣어 맛과 향을 더했어요.

Ingredient 2인분

불린 쌀 1컵
굴 50g
표고버섯 1개
참기름 1큰술
소금 1작은술
물 3컵

How to make

1 굴을 흐르는 물에 가볍게 씻어 물기를 뺀다.

2 표고버섯은 밑동을 잘라내고 얇게 썬다.

3 달군 냄비에 참기름을 두르고 불린 쌀을 볶다가 표고버섯을 넣어 볶는다.

4 쌀이 반투명해지면 물을 붓고 굴을 넣어 쌀이 퍼질 때까지 끓인다. 다 되면 소금으로 간한다.

Tip
표고버섯 밑동을 넣어도 좋아요. 지저분한 부분만 잘라내고 손으로 쭉쭉 찢어 넣으세요.

녹두죽

녹두는 부기를 빼고 피부 미용 효과도 있어 여자에게 좋아요.
입맛 없을 때 먹으면 사라진 입맛도 돌아온답니다.

Ingredient 2인분

불린 쌀 1컵
녹두 1컵
소금 1작은술
물 10컵

How to make

1 녹두를 깨끗이 씻어 물 15컵을 붓고 반나절 불린다.

2 냄비에 불린 녹두를 담고 물 10컵을 부어 푹 퍼질 때까지 끓인다. 중간 중간 거품이 생기면 걷어낸다.

3 삶은 녹두를 믹서에 간다.

4 냄비에 간 녹두와 불린 쌀을 담아 푹 끓인다. 소금으로 간한다.

Tip

녹두죽은 알갱이가 씹혀야 맛있어요. 녹두를 너무 곱게 갈지 마세요. 전날 저녁에 녹두를 씻어 물에 담가두었다가 아침에 만드세요.

전복죽

전복은 원기회복에 좋고 소화도 잘 돼요.
얇게 저민 전복을 참기름에 볶다가 쌀을 넣어 끓이면 돼 만들기도 쉬워요.

Ingredient 2인분

불린 쌀 1컵
전복 2개
참기름 1큰술
소금 조금
물 7컵

How to make

1 전복은 살을 떼어 솔로 깨끗이 씻은 뒤 얇게 저민다.

2 달군 팬에 참기름을 두르고 전복을 살짝 볶다가 불린 쌀을 넣어 더 볶는다.

3 ②에 물을 붓고 저어가며 끓이다가, 쌀알이 퍼지기 시작하면 불을 약하게 줄여 20분 정도 더 끓인다. 소금으로 간한다.

Tip

참기름은 고소한 맛이 좋지만, 많이 넣으면 쓴맛이 나고 느끼할 수 있어요. 조금씩 쓰는 양념이니 용량이 적은 것을 사는 게 좋아요.

딸기 생크림 샌드위치

딸기와 생크림은 참 잘 어울려요.
진한 아메리카노와 함께 먹으면 부드러운 크림 맛이 한층 더 깊게 느껴져요.

Ingredient 2인분

식빵 4장
딸기 10개
생크림 200g
설탕 20g

How to make

1 볼에 생크림과 설탕을 넣고 거품기로 저어 단단한 크림을 만든다.

2 식빵에 거품 낸 생크림을 바르고 딸기를 올린 뒤 식빵을 덮는다.

3 샌드위치를 비닐 랩으로 싸서 냉장실에 30분 정도 넣어둔다.

4 샌드위치가 굳으면 꺼내 칼로 테두리를 잘라내고 대각선으로 썬다.

Tip

샌드위치를 굳히지 않고 바로 자르면 크림이 비어져 나오고 모양이 안 나요. 냉장고에서 단단하게 굳혀야 예쁘게 잘린답니다. 그때그때 제철 과일로 만들면 좋아요.

메이플시럽 떡구이

겉은 바삭하고 안은 촉촉한 떡구이와 달콤한 메이플 시럽의 궁합이 환상이에요.
간단한 맥주 안주로도 좋아요.

Ingredient 2인분

떡볶이용 떡 20개
구워 먹는 치즈 120g
구운 아몬드 20개
메이플 시럽 3큰술
포도씨유 조금

How to make

1 떡볶이용 떡은 가닥가닥 떼어내고, 치즈는 떡과 비슷한 크기로 썬다. 아몬드는 대충 다진다.

2 달군 팬에 포도씨유를 살짝 두르고 떡과 치즈를 돌려가며 고루 굽는다.

3 접시에 구운 떡과 치즈를 담고, 메이플 시럽과 다진 아몬드를 뿌린다.

Tip

설날에 떡국을 끓여 먹고 남은 가래떡으로 만들어도 좋아요. 식빵을 구워 함께 먹어도 맛있어요.

크로크마담

빵에 부드러운 베사멜 소스를 바르고 햄과 치즈, 달걀을 올려 구운 샌드위치예요.
브런치로 좋아요.

Ingredient 2인분

바게트 4장
슬라이스 햄 4장
슬라이스 치즈 4장
달걀 2개
포도씨유 1작은술

베사멜 소스
버터 20g
박력분 20g
우유 1컵
소금·후춧가루 조금씩

How to make

1 약한 불에 버터를 녹인 뒤 밀가루를 넣고 색이 변하지 않을 때까지 주걱으로 저어 볶는다.

2 ①에 우유를 넣어 잘 섞고 소금, 후춧가루로 간해 10분 정도 끓인다.

3 바게트에 ②의 베사멜 소스를 바르고 햄과 치즈를 올린다.

4 200℃로 예열한 오븐에 ③의 샌드위치를 7분 정도 굽는다.

5 팬에 포도씨유를 두르고 달걀프라이를 만든다.

6 구운 샌드위치에 달걀프라이를 올린다.

Tip

아스파라거스나 토마토를 곁들여 먹으면 잘 어울려요. 바게트에 햄과 치즈를 올려 구울 때 함께 구우세요.

닭꼬치
사과무침을 곁들인 돼지고추장불고기
스키야키
쇠고기 땅콩 샐러드
닭튀김과 연근튀김
고구마크로켓 하이라이스
오징어불고기
아보카도 메밀전병 말이
떡 유부주머니 전골
우엉감자튀김
오징어순대
오코나미야키

Part
6

별식 & 안주

Special & Side Dish

닭꼬치

닭고기와 쪽파, 파프리카를 함께 구워 먹으면 맛과 영양의 균형이 좋아요.
술안주로는 물론 도시락 반찬으로도 그만이에요.

Ingredient 2인분

닭다리살 300g
파프리카 1/2개
쪽파 6뿌리
식용유 1큰술

닭고기 양념
간장 3큰술
설탕 2큰술
청주 1큰술
다진 마늘 1큰술
다진 생강 조금
참기름 조금

How to make

1 닭다리살을 칼등으로 두드린 뒤 먹기 좋게 듬성듬성 썬다. 양념에 버무려 20분간 잰다.

2 파프리카를 1cm 폭, 4cm 길이로 썬다. 쪽파도 같은 길이로 썬다.

3 닭다리살, 쪽파, 파프리카 순으로 꼬치에 꿴다.

4 달군 팬에 식용유를 두르고 닭꼬치를 앞뒤로 노릇하게 굽는다.

Tip
레몬을 얇게 썰어 곁들이면 닭고기의 누린내를 없앨 수 있고, 상큼한 레몬 향이 입맛을 돋워요.

사과무침을 곁들인 돼지고추장불고기

하얀 밥에 올리면 맛이 잘 어울리는 돼지고추장불고기.
아삭아삭 상큼한 사과무침이 고기의 기름진 맛을 잡아줘요.

Ingredient 2인분

돼지고기(삼겹살) 200g
양파 1/2개
대파 1/2대
포도씨유 1/2큰술

볶음 양념
고추장 3큰술
고춧가루 1큰술
간장 1큰술
설탕 1큰술
청주 1큰술
다진 파 1큰술
다진 마늘 1큰술
다진 생강 조금
참기름·깨소금 조금씩
후춧가루 조금

사과무침
사과 1/2개
양파 1/2개
부추 30g
설탕 1/2큰술
식초 1큰술
고춧가루 조금
참기름 조금
소금 조금

How to make

1 돼지고기를 먹기 좋게 썬다.

2 양파는 채 썰고, 대파는 어슷하게 썬다.

3 돼지고기, 양파, 대파를 한데 담고 볶음 양념을 넣어 버무린다.

4 사과와 양파는 채 썰고, 부추는 5cm로 썬다.

5 사과, 양파, 부추를 한데 담고 설탕, 식초, 고춧가루, 소금, 참기름을 넣어 무친다.

6 달군 팬에 포도씨유를 두르고 양념한 돼지고기를 볶는다.

7 접시에 돼지고추장불고기를 담고 사과무침을 올린다.

Tip
삼겹살 대신 기름이 적은 앞다리살로 만들어도 담백하고 맛있어요.

스키야키

달착지근한 국물에 쇠고기, 버섯, 채소들을 끓여 날달걀에 찍어 먹는 음식이에요.
식탁에 모여 앉아 끓여가며 먹는 즐거움이 있어요.

Ingredient 2인분

쇠고기(불고기용) 300g
느타리버섯 100g
무 100g
당근 1/2개
배춧잎 3장
대파 1대
쑥갓 4줄기
두부 1/2모
곤약 1/2모
어묵 100g
달걀 4개
간장 조금

국물

굵은 멸치 10마리
다시마 10×10cm 1장
가다랑어포 10g
간장 3큰술
설탕 2큰술
맛술 2큰술
물 6컵

How to make

1 냄비에 물을 붓고 굵은 멸치와 다시마를 넣어 끓인다. 한소끔 끓으면 다시마를 건져내고 가다랑어포를 넣어 2분 정도 끓여서 체에 거른다.

2 ①의 국물에 간장, 설탕, 맛술을 넣어 섞는다.

3 느타리버섯은 반으로 찢고, 무는 납작하게 썰고, 당근은 0.5cm 두께로 채 썬다. 배춧잎은 큼직하게, 대파는 어슷하게 썰고, 쑥갓은 뚝뚝 자른다.

4 두부와 곤약은 1cm 두께로 썰고, 어묵도 비슷한 크기로 썬다.

5 곤약을 끓는 물에 살짝 데쳐 건진다.

6 냄비에 준비한 쇠고기와 채소, 버섯, 두부, 곤약, 어묵을 넣고 ②의 국물을 부어 끓인다.

7 달걀을 풀어서 간장으로 간을 맞춘 뒤 ⑥의 재료를 건져서 찍어 먹는다.

Tip

남은 스키야키는 다음 날 달걀을 살짝 풀어서 덮밥을 만들어 먹으면 좋아요.

쇠고기 땅콩 샐러드

데친 쇠고기와 아삭한 채소가 신선하고 담백하게 만났어요.
땅콩버터로 만든 드레싱을 곁들여 고소해요.

Ingredient 2인분

쇠고기(불고기용) 150g
양상추 4장
당근 1/6개
양파 1/2개
대파(흰 부분) 3대
볶은 땅콩 30g

드레싱
폰즈 소스 1큰술
땅콩버터 1큰술
깨소금 1큰술
물 1큰술

How to make

1 쇠고기를 끓는 물에 살짝 데친다.

2 양상추는 먹기 좋게 뜯고 당근, 양파, 대파는 곱게 채 썬다. 모두 얼음물에 담갔다가 체에 밭쳐 물기를 뺀다.

3 드레싱 재료를 섞는다.

4 접시에 양상추, 당근, 양파, 쇠고기를 담고 드레싱을 뿌린 뒤 대파와 볶은 땅콩을 올린다.

Tip

양송이버섯이나 새송이버섯도 잘 어울려요. 기름을 두르고 소금으로 간해 센 불에서 살짝 볶아 넣으세요.

닭튀김과 연근튀김

시원한 맥주 한잔이 생각나는 튀김이에요.
구수한 된장 소스를 찍어 먹으면 느끼하지 않고 맛있어요.

Ingredient 2인분

닭가슴살 1쪽
연근 150g
어린잎채소 30g
청주 2큰술
생강즙 2큰술
식용유 적당량

튀김옷

밀가루 2큰술
녹말가루 2큰술
찹쌀가루 2큰술

된장 소스

미소(일본 된장) 2큰술
설탕 1큰술
식초 1큰술
맛술 1작은술
다진 마늘 1/2작은술
다진 생강 1/2작은술
깨소금 1/2큰술

How to make

1 닭가슴살을 사방 1cm 크기로 썰어서, 청주와 생강즙을 뿌려 10분간 잰다.

2 연근은 1cm 두께로 썰고, 어린잎채소는 씻어 물기를 뺀다.

3 밀가루와 녹말가루를 잘 섞은 뒤, 닭고기에 고루 묻혀 160℃의 기름에 튀긴다.

4 연근에 찹쌀가루를 묻혀 170℃의 기름에 튀긴다.

5 된장 소스 재료를 잘 섞는다.

6 그릇에 닭튀김과 연근튀김, 어린잎채소를 담고 된장 소스를 곁들인다.

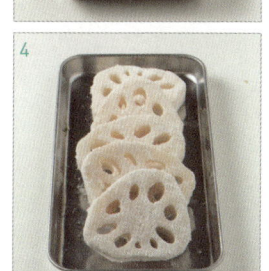

Tip

생강은 많이 쓰지 않는 양념이라 오래되어 버리게 되는 경우가 많지요. 생강술을 담가두면 닭튀김 등 고기요리의 잡냄새를 없애는 데 좋아요. 만드는 방법도 간단해요. 손질한 생강과 청주를 1 : 3으로 믹서에 넣고 갈아 병에 담고 밀봉하세요. 2~3일 숙성시키면 생강술이 된답니다.

고구마크로켓 하이라이스

하이라이스 소스는 밥을 비벼 먹어도 맛있지만 고구마크로켓과도 잘 어울려요.
바삭하고 달콤해 자꾸만 손이 간답니다.

Ingredient 2인분

고구마 1개
당근 80g
빨간 파프리카 1/2개
밀가루 1큰술
버터 조금
식용유 적당량

튀김옷
밀가루·빵가루 1컵씩
달걀 1개

하이라이스 소스
하이라이스 가루 200g
토마토케첩 1큰술
물 1/2컵

How to make

1 고구마는 삶아 껍질을 벗기고 곱게 으깬다.

2 당근과 파프리카는 다져서 버터에 볶는다.

3 으깬 고구마에 당근, 파프리카, 밀가루를 넣고 잘 섞어 동그랗게 빚는다.

4 ③의 고구마에 밀가루, 달걀, 빵가루 순으로 튀김옷을 입힌다.

5 ④의 고구마를 170℃의 기름에 노릇하게 튀긴다.

6 냄비에 하이라이스 가루, 물, 토마토케첩을 넣어 끓인다.

7 접시에 하이라이스 소스를 담고 고구마크로켓을 올린다.

Tip
하이라이스 소스에 볶은 양파와 양송이버섯을 넣어도 맛있어요. 양파는 버터를 두르고 중약불로 갈색이 나게 볶아 넣으세요.

오징어불고기

매콤한 맛이 그리울 땐 오징어불고기가 안성맞춤이에요.
밥 한 그릇 뚝딱, 밥도둑이 따로 없답니다.

Ingredient 2인분

오징어 1마리
양파 1/2개
풋고추 1개
홍고추 1개
마늘 2쪽
다진 생강 1작은술
식용유 1큰술

볶음 양념
고추장 2½큰술
고춧가루 1큰술
간장 1큰술
설탕 1작은술
다진 파 2큰술
참기름·통깨 조금씩
후춧가루 조금

How to make

1 오징어는 다리를 잡아당겨 내장을 빼내 잘라내고, 몸통을 갈라 뼈를 뺀다. 깨끗이 씻어 몸통은 겉면에 칼집을 내어 1cm 폭으로 썰고, 다리는 4cm 길이로 썬다.

2 양파는 채 썰고, 고추는 어슷하게 썬다. 마늘은 저민다.

3 볶은 양념 재료를 섞는다.

4 달군 팬에 식용유를 두르고 저민 마늘과 다진 생강을 볶다가 양파를 넣어 볶는다.

5 ④에 볶음 양념을 넣어 볶다가 오징어와 고추를 넣어 볶는다.

Tip
오징어는 오래 익히면 질겨져요. 마지막에 넣고 재빨리 볶아내세요.

아보카도 메밀전병 말이

얇게 부친 메밀전병에 사과와 채소, 아보카도를 넣고 돌돌 말았어요.
새콤한 초고추장을 찍어 먹으면 별미예요.

Ingredient 2인분

아보카도 2개
사과 1개
오이 1개
빨간 파프리카 1/2개
양상추 4장
깻잎 8장
포도씨유 조금

메밀전병
메밀가루 100g
물 180mL
소금 조금

초고추장
고추장 2큰술
설탕 1큰술
식초 1큰술
물엿 1큰술
레몬즙 2큰술
후춧가루 조금

How to make

1 아보카도를 반 잘라 씨를 빼고 껍질을 벗겨 0.5cm 두께로 썬다.

2 사과, 오이, 파프리카를 채 썰고, 양상추와 깻잎도 돌돌 말아 채 썬다.

3 메밀전병 재료를 섞는다.

4 달군 팬에 포도씨유를 두르고 메밀전병 반죽을 떠 넣어 얇게 부친다.

5 메밀전병에 준비한 재료를 올리고 돌돌 말아 먹기 좋게 썬다.

6 접시에 메밀전병 말이를 담고 초고추장을 섞어 곁들인다.

Tip

초고추장 대신 크림치즈 1큰술, 플레인 요구르트 1큰술, 레몬즙 1작은술, 소금 조금을 섞어 곁들여도 잘 어울려요. 사과 대신 배를 넣어도 맛있어요.

떡 유부주머니 전골

시원한 멸치국물에 버섯과 채소를 넣고 예쁜 유부주머니로 포인트를 주었어요.
정성이 가득 들어가 더 맛있는 음식이에요.

Ingredient 2인분

유부 6장
떡볶이용 떡 6개
가래떡 50g
표고버섯 4개
느타리버섯 100g
팽이버섯 100g
당근·양파 1/2개씩
배춧잎 2장
대파 1대
부추 3줄기

국물
굵은 멸치 20마리
다시마 10×10cm 1장
국간장 4큰술
소금 1작은술
물 6컵

How to make

1. 냄비에 물을 붓고 굵은 멸치와 다시마를 넣어 끓인다. 이때 부추를 살짝 데친다.

2. 한소끔 끓으면 다시마를 건지고 중약불에서 20분간 끓여 체에 거른다. 국간장과 소금으로 간한다.

3. 떡볶이용 떡을 4등분한다.

4. 유부를 윗부분만 살짝 잘라 벌리고 자른 떡 4개를 넣어 부추로 묶는다.

5. 팽이버섯은 밑동을 잘라내고, 느타리버섯은 먹기 좋게 찢는다. 표고버섯은 갓에 십자로 칼집을 낸다.

6. 당근과 양파는 채 썰고, 배춧잎은 큼직하게 썰고, 대파와 가래떡은 어슷하게 썬다.

7. 냄비에 유부주머니와 버섯, 채소, 가래떡을 담고 국물을 부어 끓인다.

Tip

버섯은 수용성이라 물에 담가두면 영양이 빠져나가요. 흐르는 물에 재빨리 헹구기만 하세요.

우엉감자튀김

몸에 좋은 뿌리채소와 새우살을 섞어 바삭하게 튀겼어요.
고소함은 물론 아작아작, 탱글탱글 씹는 맛도 좋아요.

Ingredient 2인분

우엉 2대
감자 1개
당근 1/4개
새우살 50g
소금·후춧가루 조금씩
밀가루 적당량
식용유 적당량

튀김옷
밀가루 1/2컵
달걀노른자 1개
물 1컵

How to make

1 우엉, 감자, 당근은 껍질을 벗기고 가늘게 채 썬다.

2 새우살은 소금, 후춧가루로 밑간해 밀가루를 고루 묻힌다.

3 튀김옷 재료를 섞는다.

4 우엉, 감자, 당근, 새우살을 섞은 뒤 튀김옷을 입혀 170℃의 기름에 바삭하게 튀긴다.

Tip

너무 크게 튀기면 속이 잘 안 익고 아삭한 맛이 없어요. 번거롭더라도 작게 여러 번 튀기는 게 좋아요. 튀길 때 젓가락으로 가운데를 콕콕 찍어 구멍을 내면 고소하게 잘 튀겨져요.

오징어순대

카레가루와 달콤한 칠리소스로 맛을 낸 오징어순대를 오븐에 구웠어요.
맛과 모양이 좋아 손님상에 내면 그럴 듯해요.

Ingredient 2인분

오징어 2마리
밥 2공기
양파 1/2개
실파 2뿌리
스위트 칠리소스 2큰술
카레가루 2큰술
소금·후춧가루 조금씩
버터 1큰술
포도씨유 1큰술

How to make

1 오징어는 다리를 잡아당겨 내장을 빼서 잘라낸 뒤, 깨끗이 씻어 다리만 잘게 다진다.

2 양파는 채 썰고, 실파는 송송 썬다.

3 달군 팬에 포도씨유를 두르고 양파와 오징어 다리를 볶다가, 밥과 스위트 칠리소스, 카레가루를 넣어 볶는다. 소금, 후춧가루로 간하고 실파를 넣는다.

4 오징어 몸통에 ③의 볶음밥을 넣고 꼬치로 꿰어 막는다.

5 ④의 오징어순대를 20분간 찐다.

6 찐 오징어순대에 버터를 발라 190℃로 예열한 오븐에 10분간 굽는다.

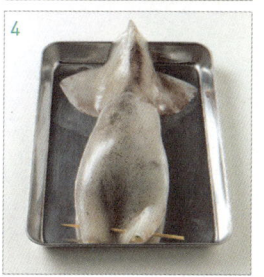

Tip
오징어 몸통에 소를 너무 가득 채우면 터질 수 있어요. 조금 적은 듯싶게 넣으세요.

오코노미야키

양배추와 해물을 듬뿍 넣고 달콤한 소스를 뿌린 일본 부침개예요.
자극적이지 않아 술안주와 간식으로 인기 만점이에요.

Ingredient 2인분

오징어 1/2마리
새우 4마리
양배추 1/4포기
대파 1대
가다랑어포 1/2컵
오코노미야키 소스 2큰술
마요네즈 1큰술
소금·후춧가루 조금씩
식용유 2큰술

반죽
박력분 1/3컵
달걀 1/2개
간 마 1큰술
물 1/2컵

How to make

1 오징어는 껍질을 벗겨 굵게 다진다. 새우도 껍데기를 벗기고 내장을 뺀 뒤 굵게 다진다.

2 양배추는 작게 썰고, 대파는 굵게 다진다.

3 박력분, 달걀, 물을 섞은 뒤 오징어, 새우, 양배추, 대파, 간 마를 넣어 섞는다.

4 달군 팬에 식용유를 두르고 ③의 반죽을 노릇하게 부친다. 소금, 후춧가루로 간한다.

5 접시에 ④의 부침을 담고 오코노미야키 소스를 바른 뒤, 마요네즈를 뿌리고 가다랑어포를 올린다.

Tip

맨손으로 마를 갈면 손이 가려울 수 있는데, 손에 식용유를 바르고 갈면 가렵지 않아요. 마를 갈고 나서 식초를 조금 탄 물에 손을 씻어도 가려움증이 없어져요. 오코노미야키는 생 채소를 부치기 때문에 시간이 지나면 물이 생겨 질척해져요. 부쳐서 바로 드세요.

• 리스컴이 펴낸 책들 •

• 요리

그대로 따라 하면 엄마가 해주시던 바로 그 맛
한복선의 엄마의 밥상
일상 반찬, 찌개와 국, 별미 요리, 한 그릇 요리, 김치 등 웬만한 요리 레시피는 다 들어있어 기본 요리 실력 다지기부터 매일 밥상 차리기까지 이 책 한 권이면 충분하다. 누구든지 그대로 따라 하기만 하면 엄마가 해주시던 바로 그 맛을 낼 수 있다.

한복선 지음 | 312쪽 | 188×245mm | 16,000원

영양학 전문가의 맞춤 당뇨식
최고의 당뇨 밥상
영양학 전문가들이 상담을 통해 쌓은 데이터를 기반으로 당뇨 환자들이 가장 맛있게 먹으며 당뇨 관리에 성공한 메뉴를 추렸다. 한 상 차림부터 한 그릇 요리, 브런치, 샐러드와 당뇨 맞춤 음료, 도시락 등으로 구성해 매일 활용할 수 있으며, 조리법도 간단하다.

마켓온오프 지음 | 256쪽 | 188×245mm | 16,000원

기초부터 응용까지 이 책 한권이면 끝!
한복선의 친절한 요리책
요리 초보자를 위해 최고의 요리 전문가 한복선 선생님이 나섰다. 칼 잡는 법부터 재료 손질, 맛내기까지 엄마처럼 꼼꼼하고 친절하게 알려주는 이 책에는 국, 찌개, 반찬, 한 그릇 요리 등 대표 가정요리 221가지 레시피가 들어있다.

한복선 지음 | 308쪽 | 188×254mm | 15,000원

맛있게 시작하는 비건 라이프
비건 테이블
누구나 쉽게 맛있는 채식을 시작할 수 있도록 돕는 비건 레시피북. 요즘 핫한 스무디 볼부터 파스타, 햄버그스테이크, 아이스크림까지 887가지 맛있고 다양한 비건 요리를 소개한다. 건강한 식단 비건 구성법, 자주 쓰이는 재료 등 채식을 시작하는 데 필요한 정보도 담겨있다.

소나영 지음 | 200쪽 | 188×245mm | 15,000원

입맛 없을 때, 간단하고 맛있는 한 끼
뚝딱 한 그릇, 국수
비빔국수, 국물국수, 볶음국수 등 입맛 살리는 국수 63가지를 담았다. 김치비빔국수, 칼국수 등 누구나 좋아하는 우리 국수부터 파스타, 미고렝 등 색다른 외국 국수까지 메뉴가 다양하다. 국수 삶기, 국물 내기 등 기본 조리법과 함께 먹으면 맛있는 밑반찬도 알려준다.

장연정 지음 | 200쪽 | 188×245mm | 14,000원

내 몸이 가벼워지는 시간
샐러드에 반하다
한 끼 샐러드, 도시락 샐러드, 저칼로리 샐러드, 곁들이 샐러드 등 쉽고 맛있는 샐러드 레시피 64가지를 소개한다. 각 샐러드의 전체 칼로리와 드레싱 칼로리를 함께 알려줘 다이어트에도 도움이 된다. 다양한 맛의 45가지 드레싱 등 알찬 정보도 담았다.

장연정 지음 | 184쪽 | 210×256mm | 14,000원

맛과 영양을 담은 피클·장아찌·병조림 60가지
자연으로 차린 사계절 저장식
맛있고 건강한 홈메이드 저장식을 알려주는 레시피북. 기본 피클, 장아찌부터 아보카도장이나 낙지장 등 요즘 인기 있는 레시피까지 모두 수록했다. 제철 재료 캘린더, 조리 팁까지 꼼꼼하게 알려줘 요리 초보자도 실패 없이 맛있는 저장식을 만들 수 있다.

손성희 지음 | 176쪽 | 188×235mm | 14,000원

점심 한 끼만 잘 지켜도 살이 빠진다
하루 한 끼 다이어트 도시락
맛있게 먹으면서 건강하게 살을 빼는 다이어트 도시락. 영양은 가득하고 칼로리는 200~300kcal대로 맞춘 저칼로리 도시락으로, 샐러드, 샌드위치, 별식, 기본 도시락 등 다양한 메뉴를 담았다. 다이어트 도시락을 쉽고 맛있게 싸는 알찬 정보도 가득하다.

최승주 지음 | 176쪽 | 188×245mm | 15,000원

먹을수록 건강해진다!
나물로 차리는 건강밥상
생나물, 무침나물, 볶음나물 등 나물 레시피 107가지를 소개한다. 기본 나물부터 토속 나물까지 다양한 나물반찬과 비빔밥, 김밥, 파스타 등 나물로 만드는 별미요리를 담았다. 메뉴마다 영양과 효능을 소개하고, 월별 제철 나물, 나물요리의 기본요령도 알려준다.

리스컴 편집부 | 160쪽 | 188×245mm | 12,000원

고단백 저지방
닭가슴살 다이어트 레시피
고단백 저지방 닭가슴살은 다이어트 식품으로 가장 좋다. 이 책은 샐러드, 구이, 한 그릇 요리, 도시락 등 쉽고 맛있는 닭가슴살 요리 65가지를 소개한다. 김밥, 파스타 등 인기 메뉴부터 별미로 메뉴까지 매일 맛있게 먹으며 즐겁게 다이어트할 수 있다.

이양지 지음 | 160쪽 | 188×245mm | 13,000원

빵으로 쉽게, 비건 라이프
더 맛있는 비건 베이킹
우유, 버터, 달걀, 설탕을 빼고 채소, 과일, 견과 등을 듬뿍 넣은, 맛있는 비건 베이킹을 소개한다. 파운드케이크, 머핀, 스콘, 쿠키, 케이크 등 누구나 좋아하는 메뉴로 식사나 간식, 선물로 좋다. 레시피가 쉽고, 종류별로 기본 과정을 상세히 설명해 다양하게 응용할 수 있다.

후지이 메구미 지음 | 144쪽 | 188×245mm | 14,000원

건강한 약차, 향긋한 꽃차
오늘도 차를 마십니다
맛있고 향긋하고 몸에 좋은 약차와 꽃차 60가지를 소개한다. 각 차마다 효능과 마시는 방법을 알려줘 자신에게 맞는 차를 골라 마실 수 있다. 차를 더 효과적으로 마실 수 있는 기본 정보와 다양한 팁도 담아 누구나 향기롭고 건강한 차 생활을 즐길 수 있다.

김달래 감수 | 200쪽 | 188×245mm | 15,000원

천연 효모가 살아있는 건강 빵
천연발효빵
맛있고 몸에 좋은 천연발효빵을 소개한 책. 홈 베이킹을 넘어 건강한 빵을 찾는 웰빙족을 위해 과일, 채소, 곡물 등으로 만드는 천연발효종 20가지와 천연발효종으로 굽는 건강빵 레시피 62가지를 담았다. 천연발효종 만드는 과정이 한눈에 들어오도록 구성되었다.

고상진 지음 | 200쪽 | 210×275mm | 13,000원

혼술집술을 위한 취향저격 칵테일 81
오늘 집에서 칵테일 한 잔 어때?
인기 유튜버 리니비니가 요즘 바에서 가장 인기 있고, 유튜브에서 많은 호응을 얻은 칵테일 81가지를 소개한다. 모든 레시피에 맛과 도수를 표시하고 베이스 술과 도구, 사용법까지 꼼꼼하게 담아 칵테일 초보자도 실패 없이 맛있는 칵테일을 만들 수 있다.

리니비니 지음 | 200쪽 | 130×200mm | 14,000원

정말 쉽고 맛있는 베이킹 레시피 54
나의 첫 베이킹 수업
기본 빵부터 쿠키, 케이크까지 초보자를 위한 베이킹 레시피 54가지. 바삭한 쿠키와 담백한 스콘, 다양한 머핀과 파운드케이크, 폼 나는 케이크와 타르트, 누구나 좋아하는 인기 빵까지 모두 담겨있다. 베이킹을 처음 시작하는 사람에게 안성맞춤이다.

고상진 지음 | 216쪽 | 188×245mm | 14,000원

알면 알수록 특별한 술
와인 & 스피릿
포도 품종과 지역별 특징, 고르는 법, 라벨 읽는 법, 마시는 법까지 와인의 모든 것을 자세히 알려주는 지침서. 소믈리에가 추천한 100가지 와인 리스트는 초보자도 와인을 성공적으로 고를 수 있도록 도와준다. 비즈니스에서 빼놓을 수 없는 양주에 대해서도 알려준다.

김일호 지음 | 216쪽 | 152×225mm | 12,000원

부드럽고 달콤하고 향긋한 8×8가지의 슈와 크림
내가 가장 좋아하는 슈크림
누구나 좋아하는 부드러운 슈크림 레시피북. 기본 슈크림부터 화려하고 고급스러운 슈 과자 레시피까지 이 책 한 권에 모두 담았다. 레시피마다 20컷 이상의 자세한 과정 사진이 들어가 있어 그대로 따라 하기만 하면 초보자도 향긋하고 부드러운 슈크림을 만들 수 있을 것이다.

후쿠다 준코 지음 | 144쪽 | 188×245mm | 13,000원

건강하고 예뻐지는 증상별 맞춤 주스
생생 비타민 주스
영양이 살아있는 채소·과일주스 152가지를 내 몸을 살리는 건강주스, 미용주스, 활력충전 주스, 아이를 위한 영양만점 주스 등으로 나눠 소개한다. 스트레스와 만성피로부터 피부미용, 다이어트, 감기, 성인병, 두뇌발달 등 몸을 건강하게 만들어주는 생주스 레시피가 담겨있다.

김경미 지음 | 152쪽 | 190×245mm | 9,800원

예쁘고, 맛있고, 정성 가득한 나만의 쿠키
Sweet Cookie 스위트 쿠키 50
베이킹이 처음이라면 쿠키부터 시작해보자. 재료를 섞고, 모양내고, 굽기만 하면 끝! 버터 쿠키, 초콜릿 쿠키, 팬시 쿠키, 과일 쿠키, 스파이시 쿠키, 너트 쿠키 등으로 파트를 나눠 예쁘고 맛있고 만들기 쉬운 쿠키 만드는 법 50가지와 응용 레시피를 소개하고 있다.

스테이시 아디만도 지음 | 144쪽 | 188×245mm | 13,000원

로푸드 다이어트 레시피 103
로푸드 디톡스
로푸드는 체내의 독소를 제거하고 면역력을 높여줘 자연스럽게 다이어트까지 이어지도록 한다. 로푸드 레시피 103개와 주스 펄프 사용법, 활용도 만점 드레싱 등 플러스 레시피가 수록돼있어 로푸드가 낯선 사람이라도 어렵지 않게 시작할 수 있도록 돕는다.

이지연 지음 | 216쪽 | 210×265mm | 12,000원

• 리스컴이 펴낸 책들 •

• 취미 | DIY

119가지 실내식물 가이드 양장
실내식물 죽이지 않고 잘 키우는 방법
반려식물로 삼기 적합한 119가지 실내식물의 특징과 환경, 적절한 관리 방법을 알려주는 가이드북. 식물에 대한 정보를 위치, 빛, 물과 영양, 돌보기로 나누어 보다 자세하게 설명한다. 식물을 키우며 겪을 수 있는 여러 문제에 대한 해결책도 제시한다.
베로니카 피어리스 지음 | 144쪽 | 150×195mm | 16,000원

오늘, 허브를 심자
허브와 함께하는 생활
키우기 쉽고 활용하기 좋은 허브 8가지를 골라 키우는 법과 활용하는 법을 소개한다. 건강관리, 미용, 요리 등 생활 전반에 다양하게 활용할 수 있다. 침출액, 팅크제, 찜질 등 구체적인 방법과 꼼꼼한 팁까지, 허브에 대한 알찬 정보가 가득하다.
야마모토 마리 지음 | 168쪽 | 172×235mm | 14,000원

착한 성분, 예쁜 디자인
나만의 핸드메이드 천연비누
예쁘고 건강한 천연비누를 만들 수 있도록 돕는 레시피북. 천연비누부터 배스밤, 버블바, 배스 솔트까지 39가지 레시피를 한 권에 담았다. 재료부터 도구, 용어, 팁까지 비누 만드는 데 알아야 할 정보를 친절하게 설명해 책을 따라 하다 보면 누구나 쉽게 천연비누를 만들 수 있다.
오혜리 지음 | 248쪽 | 190×245mm | 18,000원

쉬운 재단, 멋진 스타일
내추럴 스타일 원피스
직접 만들어 예쁘게 입는 나만의 베이직 원피스. 여자들의 필수 아이템인 27가지 스타일 원피스를 자세한 일러스트 과정과 함께 상세히 설명했다. 실물 크기 패턴도 함께 수록되어있어 재봉틀을 처음 배우는 초보자라도 뚝딱 만들 수 있다.
부티크 지음 | 112쪽 | 210×256mm | 10,000원

내 집은 내가 고친다
집수리 닥터 강쌤의 셀프 집수리
집 안 곳곳에서 생기는 문제들을 출장 수리 없이 내 손으로 고칠 수 있게 도와주는 책. 집수리 전문가이자 인기 유튜버인 저자가 25년 경력을 통해 얻은 노하우를 알려준다. 전 과정을 사진과 함께 자세히 설명하고, QR코드를 수록해 동영상도 볼 수 있다.
강태운 지음 | 272쪽 | 190×260mm | 22,000원

• 임신출산 | 자녀교육

아이는 엄마의 감정을 먹고 자란다
내 아이를 위한 엄마의 감정 공부
엄마의 감정 육아는 아이의 정서에 나쁜 영향을 미친다. 엄마들을 위한 8일간의 감정 공부 프로그램을 그대로 책에 담았다. 감정을 정리하고 자녀와 좀 더 가까워지는 방법을 안내한다. 사례가 풍부하고 워크지도 있어 책을 읽으면서 바로 활용할 수 있다.
양선아 지음 | 272쪽 | 152×223mm | 15,000원

엄마 아빠와 함께 몸과 마음이 쑥쑥!
아기 리듬 마사지 & 몸 놀이
아기 전문가가 태어날 때부터 두 돌 이후까지 성장 단계별로 동요와 함께 하는 아기 리듬 마사지와 몸 놀이를 알려준다. 잔병을 예방하고 아픈 증상을 완화하는 성장혈 마사지도 소개한다. 마사지하면서 바로 들을 수 있는 동요 QR 코드도 수록했다.
권정혁·최은미 지음 | 152쪽 | 180×227mm | 13,000원

산부인과 의사가 들려주는 임신 출산 육아의 모든 것
똑똑하고 건강한 첫 임신 출산 육아
임신 전 계획부터 산후조리까지 현대를 살아가는 임신부를 위한 똑똑한 임신 출산 육아 교과서. 20년 산부인과 전문의가 인터넷 상담, 방송 출연 등을 통해 알게 된, 임신부들이 가장 궁금해하는 것과 꼭 알아야 것들을 알려준다.
김건오 지음 | 352쪽 | 190×250mm | 17,000원

아기는 건강하게, 엄마는 날씬하게
소피아의 임산부 요가
임산부의 건강과 몸매 유지를 위해 슈퍼모델이자 요가 트레이너인 박서희가 제안하는 맞춤 요가 프로그램. 임신 개월 수에 맞춰 필요한 동작을 사진과 함께 자세히 소개하고, 통증을 완화하는 요가, 남편과 함께 하는 커플 요가, 회복을 돕는 산후 요가 등도 담았다.
박서희 지음 | 176쪽 | 170×220mm | 12,000원

야단치지 않아도 제대로 가르치는 방법
남자아이 맞춤 육아법
20만 명이 넘는 엄마가 선택한 아들 키우기의 노하우. 엄마는 이해할 수 없는 남자아이의 특징부터 소리치지 않고 행동을 변화시키는 아들 맞춤 육아법까지. 오늘도 아들 육아에 지친 엄마들에게 '슈퍼 보육교사'로 소문난 자녀교육 전문가가 명쾌한 해답을 제시한다.
하라사카 이치로 지음 | 192쪽 | 143×205mm | 13,000원

• 건강 | 다이어트

아침 5분, 저녁 10분
스트레칭이면 충분하다
몸은 튼튼하게 몸매는 탄력 있게 가꿀 수 있는 스트레칭 동작을 담은 책. 아침 5분, 저녁 10분이라도 꾸준히 스트레칭하면 하루하루가 몰라보게 달라질 것이다. 아침 저녁 동작은 5분을 기본으로 구성된 좀 더 체계적인 스트레칭 동작을 위해 10분, 20분 과정도 소개했다.

박서희 지음 | 96쪽 | 215×290mm | 8,000원

라인 살리고, 근력과 유연성 기르는 최고의 전신 운동
필라테스 홈트
필라테스는 자세 교정과 다이어트 효과가 매우 큰 신체 단련 운동이다. 이 책은 전문 스튜디오에 나가지 않고도 집에서 얼마든지 필라테스를 쉽게 배울 수 있는 방법을 알려준다. 난이도에 따라 15분, 30분, 50분 프로그램으로 구성해 누구나 부담 없이 시작할 수 있다.

박서희 지음 | 128쪽 | 215×290mm | 10,000원

통증 다스리고 체형 바로잡는
간단 속근육 운동
통증의 원인은 속근육에 있다. 한의사이자 헬스 트레이너가 통증을 근본부터 해결하는 속근육 운동법을 알려준다. 마사지로 풀고, 스트레칭으로 늘이고, 운동으로 힘을 키우는 3단계 운동법으로, 통증 완화는 물론 나이 들어서도 아프지 않고 지낼 수 있는 건강관리법이다.

이용현 지음 | 156쪽 | 182×235mm | 12,000원

하루 20분, 평생 살찌지 않는 완벽 홈트
오늘부터 1일
평생 살찌지 않는 체질을 만들어주는 여성용 셀프PT 가이드북. 스타트레이너 김지훈이 군살은 쏙 빼고 보디라인은 탄력 있게 가꿔주는 하루 20분 운동을 소개한다. 하루 20분 운동으로 굶지 않고 누구나 부러워하는 늘씬한 몸매를 만들어보자.

김지훈 지음 | 280쪽 | 188×245mm | 16,000원

I LOVE YOGA 양장
나는 요가가 좋아요!
나무, 산, 낙타, 나비, 강아지 등 자연과 실생활에서 접할 수 있는 14가지 요가 동작을 예쁜 그림과 함께 소개하는 책. 간단한 동작과 설명글, 영어로 된 원문까지 함께 나와 있어 그림책 보듯이 재미있게 보면서 요가를 익힐 수 있다. 국내 최고 요가전문가 박서희가 번역 및 감수했다.

에즈기 버크 지음 | 루키에 우루샨 그림 | 72쪽
210×220mm | 13,000원

• 자기계발 | 에세이

마음의 긴장을 풀어주는 30가지 방법
마음 스트레칭
불안이나 스트레스가 계속되면 긴장되고 마음이 굳어진다. 심리상담사가 30가지 상황별로 맞춤 처방을 내려준다. 뭉친 마음을 풀어 느긋하고 편안한 상태로 정돈하는 마음 스트레칭이다. 마음 스트레칭을 통해 긍정적이고 유연하며 자신감 있는 나를 만날 수 있다.

시모야마 하루히코 지음 | 184쪽 | 146×213mm | 13,000원

마음이 부서지기 전에…
소심한 당신을 위한 멘탈 처방 70
인간관계에 어려움을 겪는 사람들을 위한 처방전. 정신과 전문의가 70가지 상황별로 대처하는 방법을 알려준다. 의사표현이 힘든 사람, 대인관계가 어려운 사람들에게 추천한다. '멘탈 닥터'의 처방을 따른다면 당신의 직장생활이 편해질 것이다.

멘탈 닥터 시도 지음 | 312쪽 | 146×205mm | 16,000원

스무 살의 부자 수업
나의 직업은 부자입니다
어떻게 하면 돈을 모으고, 잘 쓸 수 있는지 방법을 알려주는 돈 벌기 지침서. 스무 살 여대생의 도전기를 읽다 보면 32가지 부자가 되는 가르침을 익힐 수 있다. 이제 막 돈에 눈을 뜬 이십 대, 사회초년생을 비롯한 부자가 되기를 꿈꾸는 당신에게 추천한다.

토미츠카 아스카 지음 | 256쪽 | 152×223mm | 15,000원

100인의 인생 명언
성공으로 이끄는 한마디
성공을 키워드로 하는, 유명인사 100인의 명언을 담은 책. 성공을 꿈꾸는 사람, 이제 막 시작하는 사람, 슬럼프에 빠진 사람에게 희망과 용기를 주는 말들을 엄선해 모았다. 성공을 위해 노력하고, 결국 달성한 사람들의 사고방식을 명언을 통해 배울 수 있다.

김우태 지음 | 224쪽 | 118×188mm | 14,000원

꽃과 같은 당신에게 전하는 마음의 선물
꽃말 365
365일의 탄생화와 꽃말을 소개하고, 따뜻한 일상 이야기를 통해 인생을 '잘' 살아가는 방법을 알려주는 책. 두 딸의 엄마인 저자는 꽃말과 함께 평범한 일상 속에서 소중함을 찾고 삶을 아름답게 가꿔가는 지혜를 전해준다. 마음에 닿는 하루 한 줄 명언도 담았다.

조서윤 지음 | 정은희 그림 | 392쪽 | 130×200mm | 16,000원

혼자서도 폼나게, **쉽고 간편하게**
오늘 하루
행복한 혼밥

지은이 | 하영아
어시스트 | 한대순 한인숙

사진 | 최해성

편집 | 김연주 이희진
디자인 | 양혜민 이미정
마케팅 | 김종선 이진목
경영관리 | 서민주

인쇄 | 금강인쇄

초판 인쇄 | 2022년 1월 3일
초판 발행 | 2022년 1월 10일

펴낸이 | 이진희
펴낸곳 | (주)리스컴

주소 | 서울시 강남구 밤고개로 1길 10, 수서현대벤처빌 1427호
전화번호 | 대표번호 02-540-5192
　　　　　영업부 02-540-5193
　　　　　편집부 02-544-5922 / 544-5933
FAX | 02-540-5194
등록번호 | 제2-3348

이 책은 저작권법에 의하여 보호를 받는 저작물이므로
이 책에 실린 사진과 글의 무단 전재 및 복제를 금합니다.
잘못된 책은 바꾸어 드립니다.

이 책은 〈나만의 쿡스타그램 레시피〉의 개정판입니다

ISBN 979-11-5616-254-4 13590
책값은 뒤표지에 있습니다.

블로그
blog.naver.com/leescomm

인스타그램
instagram.com/leescom

유튜브
www.youtube.com/c/leescom

유익한 정보와 다양한 이벤트가 있는 리스컴 SNS 채널로 놀러오세요!